Bild: Horst Urbschat & Töchter, Berlin

Ulla Mothes ist Diplom-Medienberaterin und lebt in Berlin.
Seit Mitte der 80er-Jahre ist sie als Autorin für Hörfunk und Fernsehen mit den Schwerpunkten Feature und Literaturkritik tätig. Sie war u.a. Referentin an der Evangelischen Medienakademie in Frankfurt am Main.

Ulla Mothes

Dramaturgie für Spielfilm, Hörspiel und Feature

unter Mitarbeit von
Reiner Matzker

UVK

Praxis Film

Band 1

Die Deutsche Bibliothek – CIP-Einheitsaufnahme

Mothes, Ulla:
Dramaturgie für Spielfilm, Hörspiel und Feature / Ulla Mothes. -
Konstanz : UVK Verlagsges., 2001
(Praxis Film ; Bd. 1)
ISBN 3-89669-332-8

ISSN 1617-951X
ISBN 3-89669-332-8

Einbandgestaltung: Tina Koch, Konstanz
Druck: Legoprint, Lavis

UVK Verlagsgesellschaft mbH
Schützenstr. 24 · D-78462 Konstanz
Tel.: 07531-9053-0 · Fax: 07531-9053-98
www.uvk.de

Dieses Buch ist in Folge des Seminars »Dramaturgie und Drehbuch« entstanden, das Prof. Dr. Reiner Matzker und ich gemeinsam 1998 an der Universität Bremen gaben. Die Idee haben wir zusammen entwickelt. Reiner Matzker stellte mir seine Aufzeichnungen für die Veröffentlichung zur Verfügung. Seine Gedanken prägen den Text mit und haben mich außergewöhnlich bereichert. Ich danke ihm für die Stunden gemeinsamer Überlegungen und Gespräche, und die vielen Anregungen, die er mir schenkte.

Inhalt

Einführung

Was auffällt, ist relevant. Vermutlich gibt es mehrere Arten, einen Film zu betrachten, ein Hörspiel zu verfolgen oder die Überlegungen eines Features nachzuvollziehen. Und jeder Einzelne wird auf eine für ihn charakteristische Weise sich mit den erzählten oder vergegenwärtigten Geschichten auseinandersetzen. Sein Blick ist der des Rezipienten, desjenigen, der wahrnimmt und aufnimmt, desjenigen, der etwas mit der Geschichte anfängt. Das unterscheidet ihn deutlich von denjenigen, die die Geschichte entwickelt, ausformuliert und medientechnisch verarbeitet haben. Ihr Blick ist der dramaturgische, der gestaltende, der konzeptionelle. Mit ihm ist das, was den späteren Rezipienten berührt, ihn anspricht oder auch ungerührt lässt, vorgegeben. Es ist die Perspektive, um die sich dieses Buch bemüht.

Abweichend von dem, was schlechthin als Handbuch oder Anleitung verstanden wird, gilt die Auseinandersetzung nicht nur den üblichen dramaturgischen Kategorien und funktionellen Zusammenhängen, sondern im Weiteren auch ihrer ideengeschichtlichen Prägung. Das bedeutet eine thematische Annäherung, die noch vor allen medienpraktischen Überlegungen auch deren Bildungen berücksichtigt. Um es deutlicher zu sagen, werden zwei Hauptinteressen berührt. Zum einen erscheint es wichtig und sinnvoll, auf aktuelle medienspezifische Strömungen einzugehen, zum anderen, eine Form herauszuarbeiten, die von diesen Inhalten nahegelegt wird und zugleich zur Erläuterung und Analyse üblicher Formen der Medienarbeit dienlich ist. Mit diesem Ansatz verbinden sich Einsichten in die durch gesellschaftliche und kommerzielle Wertsetzungen bestimmten ideologischen Verhältnisse gängiger Medienproduktion, speziell dort, wo elementar struktur- und systemsetzende Maßgaben zu erkennen sind.

Die Arbeit setzt sich mit Gegenständen gegenwärtiger gesellschaftlicher Problematiken auseinander, wie z.B. dem Umgang mit Realität und Virtualität, oder der Vereinzelung. Aus diesem Kontext leiten sich die gewählten Beispiele ab. Es ist wichtig zu zeigen, inwieweit formale Methoden und Annäherungen an bestimmte Stoffe nicht von ihren inhaltlichen Implikationen zu lösen sind. Gleichzeitig sollten unabhängig von der inhaltlichen Motivation Herangehensweisen in den Darstellungsformen Spielfilm, Hörspiel und Feature vorgeführt werden. Der methodische Aufbau lehnt sich zwar an die üblichen Gliederungen zu Techniken des Drehbuchschreibens und dramaturgischen Arbeitens an, er leistet dies allerdings vor einem Hintergrund, der einen theoretischen, respektive medienästhetischen Zugang zu den üblichen Formen der Auseinandersetzung mit entsprechenden Techniken vorsieht. Darüber hinaus ist es wichtig, einen Eindruck vom Verlauf und den Organisationsprinzipien praktischer Medienarbeit zu gewähren, der die erforderliche Arbeitsmechanik nachvollziehbar macht.

Zum besseren Verständnis der Lesbarkeit sei gesagt, dass die Konzeption dieses Buches es vorsieht, Zugang zum dramaturgischen Arbeiten über die Narration wie über die Personen zu bieten. In diesem Sinne werden spätere Arbeitsmöglichkeiten vorgezeichnet, nach denen Personen in die inhaltliche Absicht einbezogen werden bzw. die Handlung durch Charakteristika der Figuren bestimmt wird. Handlung wird folglich als im Wechselspiel zwischen erzählter Geschichte bzw. dargestelltem Inhalt und agierenden Personen konstituierte aufgefasst. Sie ist abhängig von denen, die handeln, also Dinge verrichten oder vertreten, und von den Bedingungen, die ihnen dieses Handeln ermöglichen bzw. versagen.

Die Berücksichtigung erzählerischer Bedingungen von Handlungsmechanismen führt in den ersten Teilen dieses Buches zur übergreifenden Analyse dramaturgischer Grundfunktionen. Funktionen von Kreativität und Einfall, wie das Problem der Relevanz, des auffallend Besonderen, oder der Mitteilbarkeit von Empfindungen stehen im Vordergrund. Das Verhältnis zwischen Wahrnehmung und Wahrnehmungsverdichtung wird im Hinblick auf seine psychologischen Komponenten erörtert. Berücksichtigt werden Probleme der Einfühlung oder Empathie, des Auffälligwerdens von Thematisierungen sowie Erfahrungen mit dem Fremden, Neuartigen, noch nicht oder anders Erlebten, auch als unvergleichlich Empfundenen. Dass diese Erfahrungen in ihrer Nuance etwas wie eine ihnen eigene, spezifische Dramaturgie haben, ist einer der wichtigen Ausgangspunkte dieses Buches. Die Reproduktion des relevanten Moments ist schließlich der erste Impuls einer weiteren Verarbeitung der vom dramaturgischen Subjekt aus initiierten Handlungsform. Das dramaturgische Subjekt ist die Geschehen und Personen bestimmende und mit ihnen die Absichten der Autoren transportierende Instanz. Diese Instanz verkörpert in der Regel die für die Geschichte charakteristischen Konfliktvorgaben. Die Figuren der Handlung werden faktisch Agenten des durch sie betriebenen Geschehens.

Die Analyse berücksichtigt in ihren Teilen zunächst das grundlegende Interesse an dramaturgisch-ästhetischer Gestaltung. Berührt werden allgemeine Fragen zu Form und Inhalt, zur Konzeption und Komposition, zu Absichten, Erzähllinien, Antizipation. Unterschiedliche Erzählweisen der verschiedenen Darstellungsformen und Gattungen werden einschließlich ihrer medienspezifischen Mittel betrachtet. Wie Inhalte verständlich präsentiert und Informationen effektiv kombiniert werden, gehört zu den Aufgaben dieser Arbeit.

Gesonderten Raum nimmt das Verhältnis von Person und Handlung ein. Die Überlegungen zum biografischen oder auch reproduzierten Subjekt zielen thematisch übergeordnet auf Sachverhalte der Fiktionalisierung bzw. der generellen Beziehung von Dichtung und Wahrheit. Eigenschaften und Charakter der Figuren werden in ihrer Wirkung auf die Handlung untersucht. Zu zeigen ist, wie Figuren durch Entwicklung und Wachstum Eigendynamik gewinnen, wie ein Mitfühlen oder eine Identifikation bei den Rezipienten ausgelöst werden.

Die Konfrontation mit dem Konflikt ergibt sich jeweils aus der einzelbiografischen Situation oder eben aus dem intersubjektiven Gefüge, d.h. der Bezogenheiten der Personen untereinander. Der den Konflikten innewohnende Impuls bestimmt die Auseinandersetzung mit Prozessen des Erinnerns, Erzählens und eben auch Erarbeitens. Nicht nur Fragen der Textkohärenz oder Verständlichkeit sind in diesem Kontext wichtig. Deutlich wird, dass die Konflikte im Einzelnen szenisches Schreiben, Dialoge und Montage tragen. Indirektes Agieren und Ziele der Figuren sind in diesem Sinne definiert.

Die Technik des Schreibens wirkt sich gestalterisch auf jene Faktoren aus, von denen herkömmlich Spannung erwartet wird. Neugier auf etwaige Ziele von Personen, auf Nötigungen, die durch Handlungszwänge entstehen, wird konfrontiert mit Spannung als Zweifel, als defizitärer Situation, als Frage der Informationsverteilung. Spannungsphänomene berühren in dramaturgische Verläufe gelagerte inhaltliche Ausrichtungen und weltanschauliche Ansichten, wie sie sich aus Antagonismen, Peripetien, Umwandlungen etc. ergeben. Mit ihnen lassen sich gesellschaftliche Dimensionen dramaturgischen Arbeitens nachweisen, soweit die Untersuchung es leisten kann und will, den gesellschaftlichen Auftrag gängiger Medienproduktionen zu ihrem Gegenstand zu machen.

Wie inzwischen international produziert wird, bestimmt die Rechtslage von Autoren und Dramaturgen. Der industrielle Zuschnitt der Schreibprozesse entsprechend kommerziell ergiebiger Formate und Arbeitsbedingungen wirft individuelles Arbeiten auf eine vorgefertigte Programmatik zurück, die vorgeblich evaluativ bestimmbaren Massenansprüchen genügt. In diesem Rahmen sind Rechte, Normierungen und Berufsperspektiven zu beschreiben.

Wenn auch vieles zunächst anders erscheinen mag, als gemeinhin aus Handbüchern bekannt, so sind die Ausführungen im Großen und Ganzen als Anleitung konzipiert. Sie verdeutlichen nicht nur den aktuellen Stand der Darstellungsformen Spielfilm, Feature und Hörspiel angesichts ihrer literarischen sowie narrativen Grundlagen, sondern sind in ihren Sachbezügen möglichst differenziert gegliedert immer in Rückbesinnung auf die Abhandlung und Definition der relevanten medientechnischen Termini.

1. Grundfunktionen der Dramaturgie

1.1 Einfälle

Über Einfälle wie auch vergleichsweise über Zufälle zu sprechen verbindet sich schnell mit einem recht mystischen Faktor, nämlich dem, dass etwas wie auch immer Unerfindliches zu- oder einfällt. Dass sich hinter diesen Ein- oder Zufällen oftmals ungeahnte Interessenverdichtungen oder gar Steuerungen verbergen, mag zu Beginn dazu führen, etwas genauer über das nachzudenken, was entscheidende Ideen gibt oder Impulse setzt für dramaturgisches Geschehen. In einer als Informationsgesellschaft verstandenen Umgebung scheinen Ideen oder Einfälle mehr und mehr zu einem begehrten Artikel zu avancieren. Die Überwucherung der Kommunikation durch alle erdenklichen und erfinderischen, angebrachten wie unangebrachten Sonderheiten bringt selbst wichtige Einfälle und Ideen auf das Maß der ebenso unzähligen wie unbedeutenden Informationseingebungen. Ein Begriff, der diesen Vorgang näher charakterisiert, ist der einer mediengerechten Formatierung. Formatierung in diesem Sinne bedeutet, dass Informationen auf eine bestimmte Produktästhetik hin zugeschnitten und montiert werden, wobei ihre Verarbeitung mehr durch das Format als durch sie selbst bestimmt scheint.

Ein wichtiges Phänomen in dem allgemeinen Ansturm auf bestes Niveau ist das der seriellen Ausweitung von tragenden Einfällen, im Journalismus dort zu beobachten, wo bestimmte Themen über längere Zeiträume das Publikum beanspruchen. Gegenwärtig lassen sich ein Großteil populär angelegter Einfälle oder Ideen auf die auch in diesem Buch aufgegriffene Problematik einer durch Fragen der Sexualität, Gewalt und Vereinzelung bestimmten Meinungslage zurückführen. Dabei ist hier selbstverständlich nicht zu fragen, wie es zu derartigen Meinungsbildungen kommt, sondern wie sich entsprechende Meinungslagen wiederum auf dramaturgische Gepflogenheiten und auf Rezipientenansprüche auswirken.

Zunächst sei ein Beispiel aus einer der gängigen Frauenzeitschriften mit ihren für herkömmliche Frauenproblematiken programmatischen Charakter gewählt. Unter der Überschrift »Nur du!« findet sich ein Dossier zum Thema obsessiver Partnerschaft »Klammern, festhalten, den anderen am liebsten den ganzen Tag um sich haben wollen, ist das ein Liebesbeweis oder zärtliche Erpressung?« (Brigitte, 115-126) Im Kanon der Probleme zur Unfähigkeit sozialen Miteinanders und im Zuge einer allmählichen Veränderung familiärer Lebensweisen oder -formen wird dem Moment der zwanghaften partnerschaftlichen Fixierung, hier als Symbiose falsch verstanden, ein besonderer dramaturgischer Reiz zuteil. Wo, wie es heißt, in einer stark symbiotischen Beziehung etwas gesucht werde, dass sie nicht geben kann, nämlich die eigene Identität, wird, ohne dies näher zu verdeutlichen, auf der Ebene des partnerschaftlichen Konflikts ein ganz anderer, kaum angesprochener, verhandelt. Der Ruf nach fehlender Identität und mangelndem Urvertrauen kaschiert das dem Problem innewohnende sozialpsychologische Dilemma. Vordergründig thematisiert wird die grundlegendere Idee angstbesetzter Kommunikationsformen, wie sie sich aus realpolitischen Befürchtungen und regressiven symbiotischen Erwartungen unter dem Druck von Exkommunikationsnöten ergeben. Der eigentlich dramaturgische Impuls dieser Form von populärpsychologischer Unterhaltung ist das Spiel mit der rückbezüglichen Identifikation. Angehalten zur wie gesagt vordergründigen Selbstreflexion werden die Rezipienten an elementare Affekte und Bedürfnisse erinnert. Mehr oder weniger stereotype Versatzstücke erzeugen ein scheinbar bekanntes Bild, das mit Blick auf konventionelle oder modische Lebensäußerungen um Vertrauen heischt.

Konstruiert wird der Fall einer Beziehung, die nunmehr beispielhaft ist für den vorgeblich inflationären Zustand von gestörten Verhältnissen in dieser Zeit. Das konstruierte Besondere steht für die simple Verallgemeinerung. Die am Einzelfall entwickelte Idee muss herhalten für gleichmachende Ideenkomplexität. Sie geht über in ein Sammelbecken von Vorstellungen, die auf wunderliche Art zwischen der konstruierten Wirklichkeit und der tatsächlichen vermitteln. Nun aber so, dass die fingierten Erfahrungen eine Erklärung für die allgemeinen Einsichten darstellen. Nicht die Analyse, sondern das fiktive Beispiel erläutert die tatsächlichen Lebenszusammenhänge.

Die journalistische Vorgabe erweist sich in ihrer Konstruktion als spezifische dramaturgische Variante. Sie steht für die Entwicklung einer aus dem gewöhnlichen Verlauf des Gegebenen hervorgekehrten Projektion. Ihr erster dramaturgischer Impuls ist jener der Paradoxie. Die paradoxe Erfahrung, die sie wiedergibt, ist die Erfahrung der Obsession, dass das Angestrebte, für lebensnotwendig Erachtete sich in sein Gegenteil verkehrt, die einstmals angenehme Emotion zur nach wie vor geliebten, aber unerträglichen Bürde und Belastung geworden ist. Wenn im Folgenden von einem autoplastischen Zustand der Idee oder des Einfalls gesprochen wird, dann ist eben mit diesem Zustand eine derartige in sich gebrochene, unausgegorene oder scheinbar unauflösbare Situation gemeint. Autoplastisch ist diese Situation insofern, dass sie einer noch nicht rationalen, also prärationalen Sphäre angehört, in der die Idee zwar als solche zur Erscheinung kommt, nicht aber in einer reflektierten, bearbeiteten oder gar verifizierten Form. Das Beispiel veranschaulicht eine reduzierte, weil schablonisierte Bearbeitung der Idee. Die unzulängliche journalistische Differenzierung offenbart daher die maßgebliche Idee noch in ihrem prekären Rohzustand. Die differenzierte Explikation der eigentümlichen Paradoxie wäre Teil der dramaturgischen Vervollständigung. Statt dessen setzt das Beispiel auf Stimulation.

Wohlgemerkt ist diese Stimulation bereits als dramaturgisches Moment zu verstehen, jedoch nur in dem vagen Umfeld, in dem schon der Titel gewissermaßen als Aufmacher wirkt. Titel wie »In Liebe erstickt«, »Nie ohne dich« oder »Die sanfte Fessel« setzen sich als diffuser Anreiz und als eingrenzende Lenkung den Assoziationen der Rezipienten voraus. Dabei ist die Information über das, was schließlich in der Reportage verhandelt wird, ebenso defizitär wie bereits dogmatisch. Die dramaturgische Setzung durch das, was als Aufmacher oder Schlagzeile bekannt ist, umfasst einen hier als autoplastisch verstandenen Zustand insoweit, dass sie eine entscheidende dramaturgische Vorstellung auslöst. Die Rezipienten sollen in einer Weise angeregt werden, die ihnen eine Veränderung ihres habituellen Wissens nahelegt. Sie werden allein durch die spezielle Art der Themenvorgabe auf eine dramaturgische Wendung hin ausgerichtet. Das Individuum als Gattungswesen angesprochen, in allgemein menschlicher Emotionalität, findet sich auf die Illusion verwiesen, überraschend neue Einsichten, tieferliegende Erkenntnisse oder lebensverändernde Erfahrungen zu gewinnen. Als autoplastisch ist dieses dramaturgische Stadium des Anreizes zu verstehen, da es noch keine tatsächlich differenzierte, gestaltete oder entwickelte Ideenverarbeitung beinhaltet. Es funktioniert wie dies am Beispiel eines Traumes nach Heinz Kohut erläutert werden kann. Kohut beschreibt als Psychoanalytiker einen Patiententraum, dessen Inhalt als eine autoplastische Vorstellung mit einem deutlich dramaturgischen Moment erfahrbar wird:

> »Im Traum schaute der Patient auf eine Landschaft von großer Schönheit und Friedlichkeit. Da waren sanft geschwungene Wiesen von warmem und dunklem Grün, und dazwischen schlängelten sich Bäche mit sanft dahinfließendem Wasser, das das Blau des wolkenlosen Himmels widerspiegelte. Kleine Gruppen von Bäumen umgaben

menschliche Behausungen ländlichen Stils, und, obwohl man keine Menschen sehen konnte, war dort Leben: Kühe weideten und besonders sah man weiße Flecken grasender Schafe deutlich gegen den grünen Hintergrund der Wiesen abgehoben. Unerwartet wurde der Frieden durch ein entferntes Grollen gestört. Der Patient sah auf und bemerkte, daß die Landschaft, die er betrachtet hatte, ein Tal am Fuße eines hohen Dammes war. Das drohende Grollen schien von dort zu kommen, und plötzlich bemerkte er tiefe Risse im Damm. Alle Farben der Landschaft veränderten sich geringfügig, aber deutlich. Das Grün des Grases wandelte sich in ein scharfes, unnatürliches Grün, und die Bäume erschienen dunkler. Die Brüche im Damm erweiterten sich, und plötzlich ergoß sich eine Flut häßlichen, schmutzigen, zerstörenden Wassers über die Landschaft, überschwemmte sie in all ihrer Schönheit und fegte die Bäume, Häuser und Tiere hinweg. Der letzte unvergeßliche Eindruck, bevor er schaudernd erwachte, war der Anblick der weißen Schafe, die sich in die alles einhüllende, sprudelnde Weiße der Schaumkronen verwandelten.« (Kohut, 362f.)

Auf eine dramaturgische Wendung oder Zuspitzung, wie sie dieser Traum schildert, mögen die erwähnten journalistischen Themenvorgaben hinlenken. Eingeleitet durch das Unerwartete oder Plötzliche, dann auch durch die Verwandlung der Verhältnisse, wird der herkömmliche Erlebnis- oder Erfahrungshorizont radikalisiert. Deutlich entspricht nicht die Explikation des Gegebenen der erzeugten Suggestion, sondern eben das Wissen um eine mögliche alles verändernde Dynamisierung der Verhältnisse. Zwanghaft wird erwartet an Zuspitzung, was der Patient in dem zitierten Traum zwanghaft befürchtet.

In jedem Fall gehört die Zuspitzung der situativen Normalität zum dramaturgischen Geschäft. Das zeigt sich an einem weiteren Beispiel, nunmehr aus einem der für dieses Buch wichtigen Darstellungsbereiche. Friedrich Dürrenmatt veröffentlichte 1956 sein Hörspiel »Die Panne«. In diesem Stück kann die Änderung der situativen Verhältnisse als die zentrale Idee aufgefasst werden. Der Protagonist Alfredo Traps gerät durch eine Reifenpanne in eine kommunikative Situation, die sich deutlich von herkömmlichen kommunikativen Verhältnissen unterscheidet. Als Gast einer Abendgesellschaft findet er sich nach und nach in die Rolle eines Angeklagten gebracht. Die Panne hat sich in gewisser Weise fortgesetzt. Sie mündet in einen die konventionellen Formen dramatisiernden wie karikierenden Ausnahmezustand. Der Übergang vom Gewöhnlichen zum Ungewöhnlichen vollzieht sich schleichend. Rezipient und Protagonist werden nach und nach in eine veränderte Erlebnissphäre gelockt. Die Idee bezieht sich wie in dem erwähnten Traum auf diesen dramaturgischen Wechsel. Die Verhältnisse erscheinen so lange gewöhnlich, so lange sie nicht unter dem anderen Blickwinkel der drohenden Katastrophe neu betrachtet werden. Der Übergang von einem gewöhnlichen Zustand in einen dramaturgischen gehört zur Grundidee des Stückes. Die Dramaturgie ergibt sich aus dem Moment der Störung oder Panne. Die Brüche im Damm (Traumbeispiel) wie die Veränderung der Gesprächs- in die Verhandlungsstruktur (bei Dürrenmatt) stehen für den dramaturgischen Grundeffekt. Damit ist noch nichts über die Dramaturgie selbst ausgesagt, lediglich etwas über den dramaturgischen Impuls — und zwar den dramaturgischen Impuls in seiner mehr oder minder autoplastischen Rohform. Wird dieser Impuls mit seiner relativ hohen Assoziationsqualität verarbeitet, entsteht eine reflektierte dramaturgische Situation. Mit ihr verändert sich auch die Deutung der ebenso komplexen wie diffusen Ausgangssituation. So kann z.B. der Traum, wie dies der Analytiker Kohuth unternimmt, als eine quasi künstlerische Wiedergabe des Erlebnisses der Störung eines glücklichen narzistischen Zustands verstanden werden. Dann würde die Landschaftserfahrung für das Befinden des Träumenden stehen. Die Idee des Hörstücks nach Dürrenmatt könnte als eine nunmehr faktisch künstlerische Wiedergabe des Erlebnisses aller beängstigenden moralischen Lebenserfahrung verstanden werden. In jedem Fall bedeutet die Reflexion dessen, was die Idee hergibt, eine Veränderung der dramaturgischen Ausgangssituation, eine Loslösung von der autoplastischen Interpretationsvielfalt zu einer gezielten, reflektierten Dramaturgie mit einem besonderen, d.h. intendierten Appell an die Rezipienten.

Einfälle sind eine Frage der Aufmerksamkeit. Sie ergeben sich aus der Beobachtung des (meist) Gewöhnlichen. Einfälle sind beeinflusst von der Meinungslage. Der Gefahr dogmatischer Kurzschlüsse aus dem Zeitgeist heraus lässt sich durch ein konkretes Hinterfragen des Aufgefallenen begegnen. Zur Überprüfung und Formulierung eines Einfalls gehört die Frage, wie seine Zuspitzung gedacht werden kann. Aus einem gewöhnlichen Zustand, aus autoplastischer Betrachtung, wird ein dramaturgischer, indem er auf ein mögliches Geschehen hin gedacht wird. Dieses Vorgang, eine künstlerische Betrachtung, spiegelt das Auffällige des gewöhnlichen Zustands wider und sein dramaturgisches Potenzial.

1.2 Prämisse

Ist es zu einem Einfall mit hoher Assoziationsqualität gekommen, ist überprüfbar, ob er einer Geschichte vorausgeschickt werden kann. Diese Überprüfung beurteilt seine Entwicklungsmöglichkeiten als Vorsatz zur Logizität der Gesamtdramaturgie. Im Verhältnis zum Ganzen steht eine den Charakter des Ganzen bezeichnende Vorgabe, eine Prämisse. Sie beinhaltet das, was mit der Geschichte gesagt werden soll. Sie entspricht dem, was Autoren intendieren, die dramaturgische Wendung ist in ihr enthalten. Die Prämisse als Vorausgeschicktes verdeutlicht Autoren ihr Vorhaben während des Schreibprozesses immer wieder, sie ist als Gesamtmoment auf die Geschichte individuell zuzuschneiden. Insofern ist sie auch Arbeitsinstanz. In einem weiteren Sinn kann Prämisse definiert werden als das Thema, die zugrundeliegende oder zentrale Idee, auch Ziel, Absicht, treibende Kraft, Gegenstand oder Grundemotion. Sie wird auch als eine Feststellung dessen definiert, was mit den Figuren als Ergebnis des zentralen Konflikts der Geschichte passiert (James N. Frey). Der zentrale Konflikt, soweit er als solcher zu markieren ist, weist nicht nur auf die Entwicklungsmöglichkeiten der Handlung, sondern auch auf die der Handelnden hin. So gesehen setzt sich die Prämisse wie von selbst in ein Verhältnis zur Quintessenz der in der Geschichte angelegten problematischen Möglichkeiten.

Wenn zum Beispiel in Dürrenmatts Hörspiel »Die Panne« die Änderung der situativen Verhältnisse als die zentrale Idee aufgefasst wird, ist die Prämisse aus diesem Sachverhalt abzuleiten. Der mit der Idee bezeichnete dramaturgische Grundeffekt der Veränderung der Gespächs- in die Verhandlungsstruktur wird im Hinblick auf die Entwicklungsmöglichkeiten der Handlung wie der Handelnden formuliert. Demnach gehört es zur Prämisse des Hörspiels, dass ein selbstgefälliger Anpassungscharakter, angesprochen auf Fragen zwischenmenschlicher Verantwortung, in seinem Selbstverständnis erschüttert wird. Die Prämisse bietet also ein Deutungsmuster für die ganze Geschichte. Eine Passage aus »Solaris«, dem von Andrej Tarkowski verfilmten Roman Stanislav Lems:

> »Als ich die Augen aufschlug, glaubte ich kaum ein paar Minuten geschlafen zu haben. In dem Zimmer herrschte ein düsterer roter Schein. Es war kühl und ich fühlte mich sehr wohl. Ich lag nackt auf dem Bett, nicht einmal zugedeckt hatte ich mich. Gegenüber dem

> Bett, am Fenster, das nur zur Hälfte verhängt war, saß im Schein der roten Sonne jemand auf dem Stuhl. Es war Harey; in ihrem weißen Strandkleid saß sie da, ein Bein über das andere geschlagen, barfuß, das dunkle Haar zurückgekämmt, der dünne Stoff spannte über der Brust; die bis zu den Ellenbogen braungebrannten Arme hatte sie sinken lassen und sah mich unter ihren schwarzen Wimpern hervor reglos an. Ich betrachtete sie lange, völlig ruhig. Mein erster Gedanke war: Wie gut, daß dies ein Traum ist, der es einem gestattet, zu wissen, daß man träumt! Dennoch wäre es mir lieber gewesen, sie wäre verschwunden. Ich schloß die Augen und wünschte mir dies ganz intensiv, aber als ich die Augen öffnete, saß sie ebenso da wie vorhin. Die Lippen hielt sie zugespitzt, wie zum Pfeifen, doch in den Augen war nicht der Schein eines Lächelns. Ich rief mir in Erinnerung, was ich am Abend zuvor über Träume gedacht hatte. Sie sah genauso aus wie damals, als ich sie zum letztenmal lebend sah, und da war sie doch neunzehn Jahre alt gewesen; jetzt müßte sie neunundzwanzig sein, aber natürlich hatte sie sich nicht verändert — die Toten bleiben jung. Sie hatte die gleichen, stets erstaunten Augen wie früher und sah mich an. Ich werfe einen Gegenstand nach ihr, dachte ich, doch, obwohl das nur ein Traum war, konnte ich mich nicht dazu entschließen, nach einer Toten — und sei es nur im Traum — zu werfen. ›Arme Kleine‹, sagte ich, ›bist gekommen, um mich zu besuchen, was?‹ Ich erschrak ein wenig, denn meine Stimme klang so echt, und das ganze Zimmer und Harey erschienen mir so real, wie man sich das nur vorstellen kann. Wie plastisch dieser Traum war! Nicht genug, daß ich in Farben träumte, ich sah hier auf dem Fußboden einige Dinge, die ich gestern beim Schlafengehen gar nicht bemerkt hatte. Wenn ich aufwache, dachte ich, werde ich nachsehen müssen, ob sie wirklich hier liegen, oder ob sie nur ein Traumgebilde sind wie Harey...« (Lem, 58f.)

Davon ausgegangen, dass diese Romanpassage als Schlüsselpassage für die Gesamthandlung zu bewerten ist, findet sich in ihr ein Hinweis auf das essenzielle Romangeschehen, das mit einer Prämisse zu umreißen wäre. Die Prämisse, nun einmal nur aus der zitierten Szene abgeleitet, würde sich folgendermaßen entwickeln: In einer Sphäre, in der die Grenzen von Traumgeschehen und Wirklichkeit verwischen, erscheint dem Protagonisten die verstorbene Geliebte in ihrer ganzen geschichtlichen Identität. Als perfekte Animation ist sie Mittlerin der völligen existenziellen Verunsicherung des Protagonisten. Physikalisch-technisch gesehen verkörpert sie die wahre

Authentizität des Simulierten. Psychologisch gesehen figuriert sie als veritable psychotische Erscheinung. Religiös gesehen ist sie eine soteriologische Figur, durch die die Unsterblichkeit der Macht der Liebe beschworen wird. Das unausweichliche Scheitern der endlichen Existenz am Unendlichen wird thematisiert. Daraus ergibt sich als mögliche Prämisse: Die Wiederholung der gelebten Liebe wird zur Qual des noch immer Liebenden.

Mag dies zunächst als Beispiel ausreichen, um den Übergang von einer prärationalen zu einer rationalen Ideengebung bis hin zur so genannten Prämisse zu verdeutlichen. Allgemeiner lässt sich demnach sagen, dass die Prämisse wie auch immer beinhaltet, was mit der Geschichte angesprochen werden soll bzw. was Autorinnen und Autoren mit ihrer Geschichte intendieren. Ob eine Idee durchdacht, sinnhaft ist, also eine darzustellende Zukunft haben kann, erweist sich letztlich auch darin, ob es möglich ist, eine Prämisse zu formulieren. Zu sehen ist, dass in Hinarbeitung auf das dramaturgische Ganze von einer abstrakten Variante wie von einer konkreten Ausformulierung dieser Vorgabe gesprochen werden kann. Wie das Verhältnis von Konkretion und Abstaktion Ideengebung und Ausformulierung von Prämissen berührt, ist im Weiteren noch näher zu erläutern. Tatsache bleibt, dass keine einzige konkrete Lösung unabhängig von abstrakteren oder analytischen Betrachtungen dramaturgisch erzählbar wird. Wobei andererseits eine Reflexion dieser formalen Strukturen des Dramaturgischen für den dramaturgischen Prozess selbst nicht zwingend ist. So ist durchaus davon auszugehen, dass die hintergründige Absicht oder hineinempfindbare Prämisse den Autoren jeweils längst nicht bewusst geworden sein müssen.

Künstlerisches Hinterfragen eines Einfalls ist mit seiner Deutung verbunden. Die Deutung des Auffälligen führt hin zur Idee. Sie entsteht schöpferisch und ist eine bereits abstrahierte Vorstellung. Der Idee entspringt eine konkret gewählte Anschauung eines Vorgangs oder Geschehnisses, die der weiteren dramaturgischen Arbeit vorausgeht und sie prägt. Diese Anschauung stellt die Prämisse einer dramaturgischen Erarbeitung dar. Zwischen der Idee und der konkret gewählten Anschauung von ihr liegt häufig bereits das Sammeln von Material. Dies gilt besonders für Features, bei denen oft aus der Stoffsammlung heraus sich eine Vorstellung im Kopf der Autoren entwickelt. Es lässt sich für die Praxis also nicht sagen, dass die Prämisse etwas von Anfang an Vorausgeschicktes ist. Sie leitet — ob bewusst oder unbewusst — die Konzeption und ist rückbezüglich erkennbar.

1.3 Das Besondere

Nicht jede Geschichte, die erzählt wird, ist, so wie sie erzählt wird, dramaturgisch tauglich. Dramaturgisch tauglich bedeutet, dass eine größere Allgemeinheit für diese Geschichte interessiert werden kann. Sie wird dafür interessiert in der Weise, dass sich die Individuen jeweils vergleichbar angesprochen fühlen, dass sie folglich in der Geschichte etwas aufspüren, was sie gleichermaßen bewegt, wenn auch jeder Einzelne auf seine für ihn spezifische Art die Geschichte versteht. So wird den Rezipienten nicht nur eine ähnliche Form der Rezeption angeboten, sondern darüber hinaus ein Angebot zur Applikation unterbreitet, nämlich ein Angebot dazu, mit dieser Geschichte für sich etwas Eigenes anzufangen.

Das Besondere einer Geschichte ist auf diesem Wege in sich selbst gebrochen. Es ist zum einen das Besondere der Geschichte an sich, zum anderen das Besondere, das die jeweiligen Rezipienten subjektiv von dieser Geschichte wahrgenommen haben. Wenn davon ausgegangen werden kann, dass die Prämisse das allgemein Besondere der Geschichte ausdrückt, dann gilt natürlich auch, dass die jeweiligen Rezipienten zu einer letztlich individuellen Auffassung von dieser Prämisse gelangen, die wie auch immer etwas mit dem allgemeinen, der Geschichte innewohnenden Kalkül zu tun hat. Dass dieses Kalkül den Autoren selbst nicht immer bewusst ist, wurde bereits gesagt. Dennoch ist anzunehmen, dass jede als Erzählung funktionierende Geschichte ein entsprechendes Kalkül hat. Das Kalkül ist das Berechnete einer Geschichte. Es ist als das sie bestimmend Relevante zu denken. Es ist weniger das, was von der Geschichte in Erscheinung tritt, als mehr das, was die erzählten Begebenheiten erst auslöst. Ein Beispiel nach Franz Kafka, »Der Fahrgast«:

> »Ich stehe auf der Plattform des elektrischen Wagens und bin vollständig unsicher in Rücksicht meiner Stellung in dieser Welt, in dieser Stadt, in meiner Familie. Auch nicht beiläufig könnte ich angeben, welche Ansprüche ich in irgendeiner Richtung mit Recht vorbringen könnte. Ich kann es gar nicht verteidigen, daß ich auf dieser Plattform stehe, mich an dieser Schlinge halte, von diesem Wagen mich tragen lasse, daß Leute dem Wagen ausweichen oder still gehn oder vor den Schaufenstern ruhn. — Niemand verlangt es ja von mir, aber das ist gleichgültig.

> Der Wagen nähert sich einer Haltestelle, ein Mädchen stellt sich nahe den Stufen, zum Aussteigen bereit. Sie erscheint mir so deutlich, als ob ich sie betastet hätte. Sie ist schwarz gekleidet, die Rockfalten bewegen sich fast nicht, die Bluse ist knapp und hat einen Kragen aus weißer kleinmaschiger Spitze, die linke Hand hält sie flach an die Wand, der Schirm in ihrer Rechten steht auf der zweitobersten Stufe. Ihr Gesicht ist braun, die Nase, an den Seiten schwach gepreßt, schließt rund und breit ab. Sie hat viel braunes Haar und verwehte Härchen an der rechten Schläfe. Ihr kleines Ohr liegt eng an, doch sehe ich, da ich nahe stehe, den ganzen Rücken der rechten Ohrmuschel und den Schatten an der Wurzel.
>
> Ich fragte mich damals: Wieso kommt es, daß sie nicht über sich verwundert ist, daß sie den Mund geschlossen hält und nichts dergleichen sagt?« (Kafka, 16)

Das Rätselhafte dieses kleinen Kurzprosastückes wird schon im ersten Satz formuliert. Auf der Plattform des elektrischen Wagens ist der Protagonist »vollständig unsicher« in Hinsicht auf seine Stellung in der Welt, in der Stadt, in der Familie. Schon diese Formulierungen verraten den Entwurzelten, einen besonderen Charakter, denjenigen, der ganz und gar über seine gleichgültig gewordene Existenz verwundert ist. Das Besondere der literarischen Skizze ist diese besondere Figur in ihrer Begegnung mit einer anderen ihm auffällig gewordenen Gestalt, einem Mädchen, von der er schließlich nur sagen kann, dass sie scheinbar anders als er nicht über sich verwundert ist, dass sie den Mund geschlossen hält und auch nichts dergleichen anspricht. Beschrieben wird das Gefühl des nicht Alltäglichen in einer Alltagssituation. Der Entrückte deplatziert das Normale, vereinnahmt es. Das Mädchen wird in seine Gedankenwelt überführt. In der Anmaßung, sie sei ihm verwandt, wundert er sich über ihr Schweigen.

Kafkas Skizze konfrontiert mit dem Eindringen des Besonderen in das Alltägliche. Die besondere Perspektive des Protagonisten erzeugt den dramaturgischen Effekt. Ohne sie wäre die Geschichte nicht geheimnisvoll, sondern eine einfache Beschreibung eines Mädchens. Was die Deutung verlangt, ist die Tatsache, dass eine nicht herkömmliche Auffassung vom eigenen Dasein und jeweils anderen Dasein vorliegt. Diejenigen, die die Geschichte lesen, werden auf eine für sie charakteristische Weise sich Gedanken über den beschriebenen Menschen machen, sie werden beispielsweise von einem verklemmten oder neurotischen Charakter sprechen, von einem verrückten oder einfach nur einsamen Subjekt, mit dessen Einsamkeit sie sich unter Umständen gar identifizieren.

Der von Kafka skizzierte auffällige Typus zeigt sich als dramaturgisches Subjekt gerade dadurch, dass er Neugier weckt. Die Aufmerksamkeit wird auf seine Biografie, seinen Lebenshintergrund gelenkt. Das literarische Fragment ist lediglich dramaturgischer Umschlagpunkt, die eigentliche Geschichte fehlt, vielleicht aus Furcht vor autobiografischen Konsequenzen. In jedem Fall wird eine Auffälligkeit markiert, etwas, das auf den ersten Blick nicht stimmig, befremdlich oder komisch ist, und dies ist relevant.

Solche Relevanz kommt dramaturgisch zum Tragen, wenn im Wesentlichen wichtig werdende Veränderungen eintreten, also z.B. Veränderungen in zeitlichen Abläufen, wenn die Dynamik sich verändert, oder Evidenzen, wenn es um besondere Ereignisse geht, oder Veränderungen von Sachen und Personen, wenn sich Status, Valenz oder Identifikation ändern. Die Aufgabe, die sich mit dem Problem der Relevanz stellt, ist die der Überführung des Unvertrauten in das Vertraute, wobei das Vertraute, die bekannte Normalität zum Maßstab für diesen Vorgang wird. Die Übersetzung des Unvertrauten in das Vertraute verwirklicht sich mit der Absicht der Autoren, Besonderes sichtbar zu machen, wie in den Deutungsansätzen der Rezipienten. Sie ist Voraussetzung der dramaturgischen Komplettierung und Auslegung. Das Besondere gelangt zur Wirkung. Aus der Idee wird die Geschichte.

Das Finden des Besonderen ist ein Erkennen. Es bedeutet ein sich Innewerden, einer Sache oder Person etwas Anrührendes anzumerken, etwas zu fühlen, und dies auch als nicht althergebracht zu bestimmen. Bei Features wird ein Geschehen als auffällig erkannt oder ein Zusammenhang neu gesehen oder hergestellt. Diese Erkenntnis bestimmt die Art der Darstellung, den Charakter des ausgearbeiteten Bildes, der fertigen Ansicht. Bei fiktiven Handlungen wird aus dem Erkennen der Stoff des Geschehens entwickelt. Etwas Besonderes wird in einer Geschichte versachlicht und im Erzählprozess veranschaulicht. Das in den speziellen Grundzügen eines Features, Hörspiels oder Spielfilms erkennbare Besondere markiert seinen Plot. Der Plot lässt sich beschreiben als die zu ihren Grundzügen verdichtete Darstellung.

1.4 Absichten

Die Frage, was will ein Autor, eine Autorin damit sagen, zielt auf die Absicht, die mit der Geschichte verknüpft wurde. Wird sie gestellt, ist diese Absicht nicht deutlich geworden. Die Frage zeigt auch, dass Rezipienten eine Absicht erwarten. Und sie wollen sich diese Frage selbst beantworten. Das jeweilige Produkt soll ihnen ihre Interpretation nicht vorgeben. Beabsichtigte Aussagen können formuliert werden, ohne Rezipienten zu übergehen, indem die Sache für sich spricht. Nicht, dass das spätere Produkt sich erläutern muss, es sollte jedoch mit seinen Begebenheiten seine Aussagen implizieren. Wo sich das Produkt selbst erklärt, verliert es an Eigendynamik.

Beabsichtigte Aussagen können sich immer nur in Konkretion einer Handlung oder Art einer Situationsbeschreibung zeigen. In gewisser Weise ist das Geschehen symptomatisch für Absichten. Allgemein wird eine Grundabsicht durch Teilabsichten deutlich. Grundabsicht wie Teilabsichten sind Ideen zur Prämisse. Das heißt, Intentionen, die von den Autoren für ihre Figuren vorgesehen sind, finden sich in deren Absichten wieder. Ein Beispiel ist hier die Figur Marnie bei Alfred Hitchcock in seinem gleichnamigen Film. Marnie fällt auf durch sporadisch von der sozialen Norm abweichendes Verhalten. Ein Spritzer Tinte auf ihrer Bluse lässt sie in heller Aufregung von ihrem Arbeitsplatz aufspringen, um mit sichtbarer Verzweiflung am Waschbecken den Fleck zu entfernen. Ein aufkommendes Gewitter versetzt sie in panische Angstzustände. Sie verleugnet in mehreren Fällen ihre Identität. Hinter diesen Absonderlichkeiten und Zwangshandlungen verbirgt sich nicht nur die Intention, einer Filmfigur psychoanalytisch gerecht zu werden, sondern darüber hinaus auch die Intention, einen verhaltensgestörten Charakter der Moderne vorzuführen. Hitchcocks Film ist ein Plädoyer für die psychoanalytische Logik. Deutlich wird bei Regisseur und seinen Figuren das Verhältnis von manifesten und latenten Absichten. Vordergründig wird eine komplizierte, behinderte Liebesgeschichte erzählt, hintergründig die Auflösung eines psychopathologischen Falles. Am Ende wird Marnie in einer erzwungenen Erinnerung mit ihrem frühkindlichen Trauma konfrontiert. In dieser Schlusssequenz lösen sich die Rätsel ihrer Teilabsichten (Zwangshandlungen) im Hinblick auf ihre Hauptstörung und die mit dieser Hauptstörung verbundene Aussage des Regisseurs.

Teilabsichten scheinen zunächst oft nichts miteinander zu tun zu haben. Sie scheinen willkürlichen Handlungsmomenten zu folgen und lassen sich zunächst auch einzeln deuten, jeweils bezogen auf die Szenen, in denen sie zur Geltung kommen. Im Rahmen des dramaturgischen Gesamtgeschehens stecken Teilabsichten in Handlungsabschnitten bzw. -strecken, oftmals, wie bei Hitchcock, als kleine Episode erzählt. Die Einzelhandlungen einer Figur zeichnen nach und nach ihr Porträt, ihr Profil und ihre Ausrichtung. Sie bestimmen ihr Tun im Detail. Im Allgemeinen versteckt sich hinter dem Auftreten der Figuren, so, wie dies der Fall Marnie bei Hitchcock verdeutlicht, ihre verdichtete Motivation. Marnies Motivation resultiert aus der Tatsache, dass sie als kleines Mädchen bei Gewitter einen Matrosen erschlug, der sich als Freier mit ihrer Mutter in einen gewalttätigen Streit verwickelte. Von diesem Vorfall leiten sich Motive für Einzelhandlungen und Handlungsschemata ab. Im Hinblick auf die Intention der Autoren ist die Motivation einer Figur das, was sie zu ihren Teilabsichten bewegt und ihre Handlungen in Gang setzt. Das Verhältnis ihrer Motivation zur Intention der Verfasser vermittelt ihre Ziele. Diese werden in der Regel von der Prämisse abgeleitet.

Nicht nur in Spielhandlungen werden Absichten und Teilabsichten deutlich. In Features werden unterschiedliche Interessen oder Ansichten geäußert und beleuchtet. Diese entsprechen bestimmten Absichten der auftretenden Personen. Sie vereinigen sich in der Sicht der Autoren zu einem Bild, dass ihre Absicht, etwas Besonderes zu zeigen, darstellt. Die Auswahl unterschiedlicher Meinungen, Fakten und Stellungnahmen ist auf die Motivation der Autoren zurückzuführen, eine Grundabsicht zur Geltung zu bringen. Die im Feature geäußerten verschiedenen Sichtweisen stehen in diesem Sinne für Teilabsichten.

Handlungen können definiert werden als ein zeitlicher Vorgang unter Veränderung räumlicher Positionen. Personen und Gegenstände der Handlung werden in ihrer Wandlung vorgeführt. Die in einem Spielfilm, Hörspiel oder Feature dargestellten Handlungen oder Situationsbeschreibungen lassen sich durch Motivation, Absicht und Ziel umreißen. Die Grundintention bildet den Nährboden für diese Vorgänge. Die thematische Zentrierung dieser Vorgänge findet im Exposé ihren Rahmen.

Das Exposé als Plan oder Handlungsskizze für das Drehbuch, die Hörspielpartitur oder das Featuremanuskript fasst das intendierte Thema zusammen. In ihm verfestigt sich grob gesprochen die Idee. Die Motivation, eine Geschichte zu schreiben, die Absicht, die mit ihr verfolgt wird und ihr Ziel werden ausformuliert. Skizziert werden Handlungen und Handlungszusammenhänge, die für die Intention der Autoren maßgeblich sind. Dies geschieht in einem Sinn, der auf das geplante Produkt hinweist. Das Exposé reklamiert gewissermaßen das, was entstehen soll.

Ein Exposé hat einen Titel und einen Aufhänger, die Interesse wecken: Warum ein bestimmtes Thema oder ein Inhalt bzw. Plot gewählt werden, muss nachvollziehbar sein und nötig erscheinen. Die Hauptfakten der Handlung, die für eine lückenlose und verständliche Beschreibung des Erzählverlaufs erforderlich sind, werden aufgeführt. Machart und Stilrichtung werden bestimmt. Für Charakter und Aussage wichtige erzählerische Mittel (medienspezifisch) werden genannt.

Das Exposé bietet eine Vorstellung vom fertigen Ganzen. Beschrieben werden die Prämisse anhand der relevanten Ereignisse und vorantreibende Momente. Assoziationen zu Teilzusammenhängen dürfen freigesetzt werden. Die Grenzen zwischen Exposé und Treatment sind in der Praxis fließend. Besonders bei Filmen unterscheiden sich Exposés im mehr oder weniger ausführlichen Ausformulieren der Handlung. Dort, wo im Exposé die narrative Beschreibung des Ganzen vorgenommen und die Szenenfolge bereits grob angedeutet wird, trägt es schon die Züge eines Treatments. Diese Mischformen sind bei Filmprojekten üblich.

Per Definition ist ein Treatment eine erste schriftliche Fassung eines Manuskriptes für Film und Fernsehen. In ihm werden Handlungen, Handlungsorte und Personen aufgeführt. Anders als das Exposé erzählt das Treatment bereits in einer rohen, noch nicht ausdifferenzierten Form die Geschichte. Es enthält die wichtigsten Teilabsichten, die für die Formulierung des Exposés überlegt werden müssen, aber in ihm unter Grundintentionen zusammengefasst werden. Die Ideen werden im Treatment konkretisiert und schematisch expliziert, im Exposé komprimiert und systematisiert. Das Verhältnis von Treatment und Exposé drückt sich schon aus diesem Grunde im Volumen aus. Exposés überschreiten selten drei Manuskriptseiten, Treatments umfassen etwa ein Zehntel eines fertigen Drehbuches.

1.5 Empfindungen

Die Verarbeitung des Einfalls oder der Idee geschieht nach subjektiven Kriterien. Es werden Selektionen und Differenzierungen vorgenommen, die den Autorinnen und Autoren charakterlich entsprechen. Das Produkt sagt etwas über deren Empfindungen aus. Und diese Empfindungen haben etwas zu tun mit der Zeit, in der das Kunstwerk entsteht. Wenn also beispielsweise heute Christian Calon mit »The Ulysses Project« den Odysseus-Stoff zu einem Hörspiel verarbeitet, wird die damalige Problematik unter Zeitgesichtspunkten von heute betrachtet. Das Hörspiel gibt die Empfindungen des Autors für die Heldensage wieder, genauer, Empfindungen ihrer literarischen Qualität. Calons Eindrücke von der Zeitlosigkeit der literarischen Dimension des Stoffes und ihrer räumlichen Ungebundenheit werden in sprachliche und musikalische Klangbilder übertragen. An den Reisen des Odysseus, also Bewegungen in Zeit und Raum, wird der nicht an Zeit und Raum gebundene Vorgang der künstlerischen Vergegenwärtigung sinnlichen Empfindens beschrieben. Calon lässt Homer sagen:

> »Schriftsteller geworden, geht Odysseus durch die Stadt. Gleichviel ob Dublin, Berlin, Montréal oder Ithaka. Er geht in die Stadt nicht mehr für vierundzwanzig Stunden, sondern für eine Stunde, eine Minute, eine Nanosekunde, die Ewigkeit.
>
> Als Kartograph durchmißt er die Landschaft in immer feinerem Maßstab. Diese Vermessungen, die er skizziert — Lagen von Wirklichkeit, Schichten einer ungefähren und fragmentierten Wissenschaft — : breiten wir sie übereinander wie die Blätter eines Buchs.«

Odysseus darauf:

> »...Tauchen wir in einem skalenübegreifenden Sprung direkt durch die Schichten des Buchs. Wo immer sich Leere auftut, da schlägt die Vorstellung Brücken. Sie schafft durchgehende, ebenmäßige Räume, künstliche, wo sich die Landschaft über ihrer vielfältigen Verletzung schließt, wo ich aber, zurückgeworfen unter die Simulakren (Vorstellung von Gegenständen, die sie wie eine Haut umschließt und die die Sinne erreicht Anm. d. A.), endlich ein perzeptives Leben führen kann.« (Calon, 15)

Odysseus also wird hier aufgefasst als einer, der seine Erlebnisse erst sinnlich durch die Vorstellung von ihnen erfassen kann. Auf literarischem, also künstlerischem Wege wird dieses sinnliche Empfinden weitergegeben.

Finden sich Entsprechungen zur damaligen Gefühlswelt oder Erlebnisform, dann können diese unter dem Aspekt einer anthropologischen Konstante berücksichtigt werden. Bei »The Ulysses Project« ist die Weltverlorenheit des Odysseus eine solche Konstante:

> »Die Welt unter unseren Füßen, zwischen unseren Händen, verliert ihre Begrenzungen und ihre Endlichkeit. Nicht, daß sie plötzlich ins

> Übermäßige wüchse, sie gibt vielmehr an einzelnen Stellen nach, wird brüchig, rissig.
>
> Und zwischen die Materie und den Raum, die ich betrachte, haben sich, endlos, Myriaden von ähnlichen Materien und Räumen geschoben und machen mein Wissen und mein Leben wenn nicht unmöglich, so doch entsetzlich riskant.« (Calon, 14)

Eine solche Bearbeitung eines klassischen Stoffes führt drei Ebenen zusammen: die damalige Erlebniswelt, heutiges Erleben und grundmenschliche Empfindungen.

Ein Beispiel für das, was unter einer anthropologischen Konstante zu verstehen ist, gibt Andrej Tarkowski. Er beschreibt das Ende Lew Tolstois Erzählung »Der Tod des Iwan Iljitsch«:

> »Ein schlechter, beschränkter Mensch stirbt an Krebs und will vor dem Tod noch seine giftige Frau und seine ebenso boshafte Tochter um Verzeihung bitten. In diesem Moment verspürt er, völlig überraschend für sich selbst, in seiner Seele eine solche Güte, daß ihm seine gefühls- und gedankenlose Familie, deren einzige Sorge dem Krimskrams des Haushalts gilt, plötzlich nur noch bedauernswert unglücklich vorkommt. In seinen letzten Augenblicken, sterbend, scheint es ihm, als krieche er durch eine lange, weiche, schlauchähnlich dunkle Röhre (...) Am Bett stehen seine Frau und seine Tochter. Er möchte ihnen sagen: ›Verzeiht!‹, bringt in diesem letzten Moment aber nur noch ein ›Laßt mich durch!‹ heraus...«

Tarkowski bemerkt dazu:

> »Kann man etwa mit einem derart erschütternden Bild eindeutig umgehen? Es ist mit so unerklärlich tiefen Empfindungen von uns verbunden (weckt vielleicht auch eigene unklare Erinnerungen in uns?!), daß es wie eine Offenbarung unsere Seele erschüttert, diese regelrecht umwendet.« (Tarkowski, 118f.)

Über die Umsetzung von Empfindungen in filmische Bilder sagt der Regisseur Tarkowski, dass eine Fixierung naturalistischer Fakten längst nicht ausreiche, um ein Filmbild zu erschaffen. Im Film basiere das Bild auf der Fähigkeit, die eigene Empfindung eines Objektes als Beobachtung auszugeben. Das Beispiel nach Tolstoi korreliert im Kontext mit dem bereits wiedergegebenen Kurzprosatext von Kafka. In beiden Fällen wird eine existenzielle Erfahrung in ein dramaturgisches Bild übersetzt. Bei Kafka das Gefühl der Weltverlorenheit oder Individuation, bei Tolstoi die Todeserfahrung selbst:

»Und plötzlich wurde ihm klar, daß alles, was ihn gequält hatte und nicht herauswollte, daß all das plötzlich und mit einem Male herausquoll, von zwei Seiten, von zehn Seiten, von allen Seiten. (...) Für ihn geschah das alles in einem Augenblick, und die Bedeutung dieses Augenblicks wurde nicht mehr anders.« (Tarkowski, a.a.O.)

Der Tod ist nicht als Zustand, sondern als Geschehen dargestellt und somit bereits als dramaturgischer Verlauf. Ebenso offerierte Kafka die komplette Sinnentleerung subjektiver Gefühle in einer einzigen alltäglichen Begegnung. Die mögliche Identifikation mit den Empfindungen der Protagonisten wird erzeugt durch prozessuale Zustandsbeschreibungen, die für die wiedergegebene Erfahrung stehen. Sie initiieren die persönliche Annäherung der Rezipienten an die innerpsychische Disposition der Erlebnisfigur. Im Falle dieser Beispiele soll nämlich nicht beschrieben werden, was sich augenscheinlich zugetragen hat bzw. geschehen ist, sondern welche Empfindungen sich mit der geschilderten Tatsächlichkeit verbinden.

In der Musik steht die Verbindung von Text und Vertonung für die Annäherung an verstärkte Empfindungen. Auf zwei Reizebenen werden Informationen parallel gegeben. Das Liebeslied ist eine gespielte und gesungene Erklärung eines Gefühls. Man kann sich diese Erklärung nur mündlich vorgetragen oder nur gespielt vorstellen, in jedem Fall stehen Text und Musik für etwas anderes, mit dem sich weitere Empfindungen assoziieren. Die Überlagerung der Reize bewirkt in ihrer größeren Eindringlichkeit eine Ballung der Empfindungen und damit eine intensivierte Anziehung.

Insoweit ist die Musik in Film oder Hörspiel mehr als nur Untermalung. Wenn sie nicht ganz im Vordergrund steht, hat sie weitgehend eine Katalysatorfunktion. Sie nimmt Einfluss auf die Reaktionen der Rezipienten, bestimmt die Tönung der Gefühlslage. Musik beschreiben heißt, wenn es nicht um intellektuelle Vermittlung von Kategorien geht, über ihre Wirkung in diesem Sinne zu sprechen. Zwischen dunkel und hell zeichnet sich allein vermittelt durch die Musik eine atmosphärische Note ab, die von dem Produkt als Ganzem schlecht zu trennen ist. Ein schönes Beispiel für die Verbindung von Text und Musik mit gezielter Wirkung auf Emotionalität liefert die moderne Popgeschichte, die ohnehin in ihren Arrangements und Effekten auf Signale für das direkte Gefühlserleben setzt. Mit Blick auf die Popband Pulp ist z.B. in den Medien häufig die Rede von »düsterem Glamour«. Die Wendung umschreibt ein Lebensgefühl der 90er Jahre, das die Gruppe mit ihrer Musik zelebriert. »Glamour«, so heißt es in einem Zeitschriftenartikel, ist für die Gruppe Pulp ein »komplizierter Hybrid; ein giftiger Cocktail, gemischt aus den Träumen der Arbeiterklasse, den fraktalen Lichtblitzen der

Discokugel, der Lektüre von Algernon Swinburne und schäbigen Sexspielen im Vorstadtkino.« (Miessgang, 63) Die euphemistischen Formulierungen etikettieren eine mit den Texten und der Musik der Gruppe verbundene Aussage, die eine bestimmte Tendenz der musikalisch erweckten Empfindungen beschreibt. Die Breitenwirkung dieser erweckten wie bestätigten Empfindungen erfasst das Selbstverständnis sich als gesellschaftlich marginalisiert verstehender Individuen. Gesellschaftliche Nischengefühle werden angesprochen und zum Identifikationsangebot ausgedehnt. So heißt es beispielsweise in einem Songtext der Gruppe:

> »She doesn't have to go to work, but she doesn't want to stay in bed 'cos it's changed from something comfortable to something else instead (...) Now every night she plays a sad game. Called pretending nothing's going wrong.« (Pulp, Live Bed Show)

Aus den vermittelten Empfindungen werden Strategien der Lebensbewältigung. Das dramaturgische Geschehen in der Musik berührt heutige Alltagserfahrungen. Es trifft den Nerv der Zeit.

Entscheidend ist, Empfindungen werden gleichermaßen hervorgerufen und bedient. Für die dramaturgische Gestaltung von Medienprodukten mit verlässlicher Massenwirkung ergibt sich daraus ein Funktionsprinzip. Das Funktionsprinzip schließt ein, dass ungewohnte, nicht alltägliche Empfindungen nur auf dem Wege vertrauter Gefühlsdimensionen transportiert werden können. Fremde oder exotische Emotionen werden üblicherweise kanalisiert, jedoch niemals so, dass das jeweils eigene oder extraordinäre verloren geht. Festzustellen ist, dass die gängigen Massenproduktionen auf normative Gefühle spekulieren, aber immer so, dass diese einen exklusiven Gestus beibehalten. Die Exklusivität ist kritisch gesprochen der Slogan, mit dem für eine bestimmte kategoriale Empfindung geworben wird. Das Nacherleben von angebotenen Gefühlsformen, die mit bekannten oder vertrauten Empfindungen kokettieren, ist ein integratives Erleben. Es macht das Produkt verständlich, vermittelt Inhalte so nah, dass Eindrücke der Ergriffenheit und Zugehörigkeit zusammenfallen. So gesehen werden Empfindungsangebote mit Formen sozialer Sinngebung austauschbar.

Empfindungen werden durch Drehbücher, Hörspiel- oder Featuremanuskripte in vielfältiger Weise transportiert. In Features werden sie oft deutlich durch das Engagement der Autoren für das Thema. Ob es gelingt, von inhaltlicher Notwendigkeit zu überzeugen, hängt u.a. vom Weitertragen der Empfindungen der Autoren ab, die zur Überlegung gehören, warum sie ein Thema bearbeiten. Empfindungen zeigen sich in einer investigativen Herangehensweise als auch im Hör- und Sichtbarmachen von Stimmungen und

Konflikten. Empfindungen werden durch das Darstellen von Konflikten oder Komplikationen eher hervorgerufen, als durch das Präsentieren einer Lösung. Deshalb bauen sich Features aus unterschiedlichen Ansichten auf und bieten nicht von vornherein ein klares Bild. Bei Spiel- und fiktiven Handlungen werden Empfindungen erzählerisch umgesetzt. Sie stehen im Unwirklichen ebenso wie im Thematischen, indem das Empfinden die Sichtweise diktiert. Insofern werden Geschichten nicht willkürlich erfunden oder gestaltet, sondern im Hinblick auf das Wiedergeben subjektiver Einstellung entsprechend des eigenen Gefühls für die Zeit und den Raum des thematischen Geschehens in Verbindung mit dem Gefühl für das Hier und Jetzt.

1.6 Antizipation

Wer erzählt, möchte Imaginationen wecken. Er nutzt dafür aus, dass Zuhörer oder Zuschauer durch ihre eigenen Vorstellungen und Projektionen der Geschichte verhaftet bleiben. Die Geschichte wird so konzipiert, dass Geschehnisse vorwegzunehmen sind. Diesen Vorgang kennzeichnet der Begriff der Antizipation. Antizipation bedeutet das Wissen um das, was in der Folge unter bestimmten Voraussetzungen passieren wird. Es wird an das Vermögen appelliert, Konsequenzen vorauszusehen, die durch das bisherige Handlungsgefüge unmittelbar vorgegeben sind.

Nicht nur durch das Thema der Gesamtgeschichte, sondern auch durch ihre einzelnen Abschnitte werden Vorstellungen bei Rezipienten geweckt, und zwar in der Hinsicht, dass Ereignisse Folgen haben. Einzelereignisse einer Geschichte stehen meistens im Verhältnis von Ursache und Wirkung zueinander. Die Frage nach der Wirkung wird vorweg beantwortet durch das Wissen um Folgerichtigkeit. Letzteres ergibt sich aus der Antwort auf die Frage, warum eine bestimmte Ursache formuliert wurde. Mit dem Begriff der Antizipation wird eine Parallelität in der Fähigkeit einer gedanklichen Vorwegnahme bei Urhebern und Rezipienten artikuliert. Wissen im Allgemeinen Urheber um den Ausgang ihrer Handlungsabläufe und setzen in der Regel mehr oder weniger deutliche Signale, so sind Rezipienten mit ihren Spekulationen auf diese Signale angewiesen. Sie werden dramaturgisch geleitet und in vielen Fällen möglichst so, dass sich in ihnen das Wissen der Autoren um die Abläufe allmählich einstellt. Sie werden so angesprochen, dass sie eine Vorhersage treffen. Dabei ist wie gesagt die Antizipation bereits eine feste Vorstellung von der Wirkung.

Jon Fosse beschreibt in seinem Hörspiel »Sommertag« den Vorgang der Antizipation. Ein junges Paar ist aus der lärmigen Stadt aufs Land gezogen, an einen norwegischen Fjord. Die Frau stellt fest, dass ihr Mann unruhig geworden ist, er ist fast gar nicht zu Hause, sondern fast immer mit seinem kleinen Ruderboot auf dem Fjord. Sie wundert sich, denn er suchte die Ruhe auf dem Land, die Wohnsituation ist ganz nach den Wünschen der beiden. Er kann nicht ausdrücken, was mit ihm ist. Er sagt, dass er gern auf dem Wasser sitze, darüber nachdenke, dass es weit sei bis zum Grund, und das Boot nur ein dünner Rumpf sei zwischen ihm und dieser Tiefe. (Fosse, 17f.) Eines Nachmittags kehrt er vom Fjord nicht zurück, nur das Boot wird gefunden. Das Hörspiel hat eine Rahmenhandlung, in der die inzwischen alt gewordene Frau den Tod ankündigt:

> »und dann war er weg auf einmal ...
>
> nach so vielen Jahren habe ich immer noch nicht begriffen
>
> was mit ihm passiert ist.« (Fosse 5f.)

Die Zuhörer wissen gleich am Anfang, dass der Mann nicht mehr zurückgekommen ist. Wie sich die Ahnungen der Frau, einer gemeinsamen Freundin und deren Mann zur Gewissheit der Erwartung verdichten, wird in der Haupthandlung, die den Tag des Verschwindens wiedergibt, beschrieben. Als die Frau die ungewöhnlich ordentlich zusammengefalteten Kleider des Mannes im Schlafzimmer findet, heißt es:

> »auf einmal war ich unendlich traurig ...
>
> was hatte das zu bedeuten
>
> dachte ich
>
> und da wurde ich noch viel unruhiger.« (Fosse, 30)

Im Gespräch zwischen der Frau und ihren Gästen wird in immer wiederkehrenden Hilflosigkeiten die wachsende Bangigkeit dargestellt und zunehmend das Überspielen der Gewissheit. Die Bewegung des Geschehens liegt allein in der Antizipation.

Wie Antizipationsvorgänge in einer Geschichte angelegt werden können, zeigt das Beispiel eines Zeitungsartikels zum Thema Jugend und Gewalt: Ein elf- und ein dreizehnjähriger Junge verüben in Jonesboro ein Massaker.

> »Ungefähr hundert Yards vom Schulgebäude entfernt lagen die beiden Jungs auf der Lauer, hinter einer Baumreihe. Sie haben den Feueralarm ausgelöst, so daß die Opfer ihnen vor die Flinten laufen würden, wie bei einer Jagd.« (Schwelien, 80)

Wäre dieses Geschehen unter der Prämisse »Zwei Jungen reagieren auf soziale und innere Konflikte mit Terror« Vorlage für eine Spielhandlung, dann ist selbstverständlich den Autoren die dramatische Wucht der Vorgänge bekannt. Es waren fast alles Mädchen, die getroffen wurden, und Mitchell, einer der Jungen, wollte angeblich alle töten, die mit ihm Schluss gemacht hatten. Das Ungewöhnliche, dass ein Jugendlicher aus dem Gefühl sozialer Ablehnung zum Massenmörder wird, kulminiert in der Antizipation der Gewalt. Was die Autoren wissen, beginnen die Rezipienten zu ahnen. Die Handlung wird so konzipiert, dass sich in ihrem Verlauf die Vorstellungen auf eine Gewalttat hin zuspitzen.

Niemand würde tatsächlich davon ausgehen, dass hier nur die alltägliche Geschichte zweier Jungen aus einer Kleinstadt im ländlichen Arkansas erzählt wird. Zur Antizipation gehört, dass etwas Besonderes geschehen wird, dass das ganze Streben und Tun der Protagonisten auf eine bestimmte Aktion, eine noch ungekannte Wirkung hinausläuft. Im Zentrum steht für Autoren das Massaker als die maßgebliche Antizipation. Von dieser Antizipation leiten sich die Hintergründe des Geschehens und mit ihnen auch die Vorstellungen der Rezipienten ab. Es werden Informationen ausgewählt, die die Prämisse bestätigen. Zu zeigen ist in diesem Fall nicht der Reiz der Action, des Massakers. Wichtig ist das soziale Milieu, in dem die Jungen leben, die damit verbundene Irritation, die sie verspüren. Das wird in dem Zeitschriftenartikel durch die Aussage eines Hilfssheriffs so beschrieben: »Wenn du nicht willst, daß du morgen Jagd auf deine Kinder machen mußt, gehe heute mit ihnen jagen.« In dieser Aussage wird deutlich, dass das Recht des Stärkeren gilt, nach Waffengebrauch, und, wie es Mitchell nahelegt, nach Erfolg bei Frauen.

Antizipation bedient die rezeptive Erwartungshaltung und beruht verlässlich bei Autoren und Rezipienten auf verinnerlichten, habituellen Kenntnissen. Die speziell am Beispiel erweckten Vorstellungen speisen sich nicht aus der bloßen Aktion, sondern auch aus spezifischen Lebenserfahrungen und angesammeltem gesellschaftlichen Wissen der Rezipienten. Sie charakterisieren die handelnden Figuren über das gezeigte Geschehen hinaus und vervollständigen sie in Gedanken zu persönlichen Gesamtbildern.

Bei einem geplanten Filmprojekt oder Hörspiel auf der Grundlage dieses Stoffes bewegte sich für die Antizipation der Rezipienten das Verhalten der beiden Jungen im Grenzbereich des sozial Zulässigen. Wo ihnen die »Liebe zur Natur« beigebracht wird, indem sie schon im Vorschulalter Fischen und Jagen erlernen, begreifen mögliche Rezipienten, dass dem Waffengebrauch noch eine andere Bedeutung zukommen wird. Natürlich kommt es darauf an, wie dies gezeigt wird, mit welchen medientechnischen Mitteln und in welchem Kontext weiterer Informationen. Der Schritt von dem, was nahegelegt oder erwartet wird, zu dem, was im Voraus gewusst wird, ergibt sich aus dem Wissen um Folgerichtigkeit vieler Szenen oder Episoden sowie verschiedener Erzähllinien, die in ihrer Ausrichtung auf die Prämisse hin formuliert werden. Die ganze Reichweite der zentral gewordenen Antizipation, dass nämlich die Jungen in der Folge einen Massenmord begehen, wird freilich den wenigsten in den Sinn kommen. Der abschließende Vorfall wäre hier die besondere Note eines Films oder Hörspiels, dessen Spannungsmomente zwar von der Ungewissheit in Hinsicht auf dieses Ende zehren, mehr aber noch von der situationslogischen Einsicht in die Charaktere der beiden Kinder.

Antizipationen setzen sich im Verlauf der Handlung nach und nach zu einem komplexen Bild des Charakters des Geschehens zusammen. Vorstellungen verschränken sich miteinander, entwickeln sich zu einem glaubhaften Bild, in welcher Art die Sache, um die es in der Erzählung geht, von vielen Seiten vorgeführt wird. Dies leisten vielfältige Erzähllinien, die sich als folgerichtig für die Geschichte erweisen und ihren Gegenstand, ihre Absicht zutage fördern. Erzähllinien geben einer Geschichte ein Muster, das als sinnvoll erkennbar sein muss. Zur Hervorbringung bestimmter Antizipationen können Erzähllinien konzipiert werden. Diese Konzeption wird vor dem Ausformulieren eines Drehbuches oder Hörspielmanuskripts häufig als strukturelles Gerüst aufgebaut. Das kann in Form von Stichpunkten geschehen, die inhaltliche Handlungsabschnitte und -linien bezeichnen. An der Auflistung kann wie in einem Stufendiagramm die Steigerung der Handlung abgelesen werden. In ihm werden die Ereignisse und Episoden der Geschichte kausal miteinander verknüpft. Anhand eines solchen Plans können die logische Fortführung der Handlung, die Entwicklung von Motiven, Absichten und Lösungen überprüft werden.

Antizipation gibt Auskunft über den Sinn einer Geschichte. Was im Einzelnen und im Ganzen von Autoren erwartet wird, bestimmen sie durch informative Vorgaben inhaltlicher Art, aber auch durch die Wahl des Genres, das sich in den ersten Passagen ankündigt und den Charakter inhaltlicher wendungen vorausahnen lässt. Informationen werden gegeben und miteinander verknüpft im Hinblick auf Erwartungen, die damit zwangsläufig verbunden werden. Diese Erwartungen werden in der Folge einbezogen, durchaus auch in überraschender Umwendung der Dinge. Mit Antizipation arbeiten bedeutet, mit dem eigenen Anliegen verbundene Gedanken und Vorstellungen der Rezipienten zu wecken, durchgehend aufzugreifen und zu beantworten, damit eine Geschichte als folgerichtig und sinnvoll wahrgenommen werden kann. Antizipatorische Konzeption ist eine Konzeption der Verzögerung, der nicht linearen Zusammensetzung einzelner Sequenzen oder Aspekte zu einem fertigen Ganzen. Diese Verzögerung bindet das Denken der Rezipienten an das Anliegen der Autoren.

2. Medientechnisches Arbeiten

2.1 Was gefällt

Nicht immer ist das, was auffällt, zugleich etwas, das gefällt. Andererseits wird das, was gefällt, gern als auffallend schön oder reizvoll bezeichnet. Das, was gefällt, fällt auf. Es sticht hervor, ist attraktiv in dem Sinne, dass es eine besondere Anziehungskraft besitzt. Was gefällt, ist das Ästhetische, das sinnfällig Schöne, so wie es Hegel zu Beginn seiner Einleitung in die Ästhetik formuliert hat. (Hegel, 13) Dies kann auch im Schrecklichen liegen, im Grausamen oder Perversen. Was gefällt, ist nicht das verbindlich Schöne, sondern das sinnlich Reizvolle. Nach Hegel sei es für den Verstand nicht möglich, Schönheit zu erfassen, da er zu ihrer Einheit nicht vorzudringen vermag und im Endlichen, Einseitigen und Unwahren steckenbleibe. (Hegel, 99f.) Es liegt im Ermessen des Autors oder Dramaturgen, letztlich auch des Regisseurs, was er an einer Geschichte als sinnlich empfindbar darstellt. Aus einem Massaker, das Schüler unter ihren Klassenkameraden anrichten, kann sowohl ein Actionfilm werden, der das Leiden und Sterben der Opfer wie auch das Schießen der Täter in den Mittelpunkt der Sinne stellt, als auch ein gesellschaftskritisches Produkt, dessen dramaturgischer Schwerpunkt im emotionalen Miterleben, wie es zu der schrecklichen Szene kommt, liegt.

So gesehen ist es schwierig, für das, was gefällt, eine normative Form oder Struktur anzugeben, wenn nicht gerade anzunehmen ist, dass bestimmte verbindliche kompositionelle und strukturelle Anwendungen zu ästhetisch bedeutsamen Ergebnissen führen. Das ist Gegenstand der Dramaturgie. Wie das Beispiel der massenmordenden Kinder deutlich werden ließ, war die defizitäre soziale Bestimmung der Kinder gleichzeitig verbindlich für den Entwurf einer an diesem Beispiel entwickelten Dramaturgie. Wie die ersten Überlegungen zu einem möglichen Plot zeigten, galten sie der Rekonstruktion eines besonderen Falles, dessen dramaturgische Wiedergabe nunmehr ein Spannungsverhältnis zwischen Kunst und Wirklichkeit beschreibt. Damit ist zugleich etwas Eigentümliches der Kunst betont. Sie unterscheidet sich insofern von der Wirklichkeit, dass sie diese interpretiert und mehr noch, wie es Aristoteles gesehen hat, antizipiert. Dichtkunst, so Aristoteles in seiner Poetik, richte sich nicht auf die Darstellung dessen, was ist oder gewesen ist, sondern dessen, was sein könnte. (Aristoteles, 37) Der dramaturgische Entwurf bleibt zwar orientiert an dem inhaltlichen Impuls, der am Beispiel durch die psychische Situation der Protagonisten entsteht, wo Gefühle sozialer Ablehnung wie persönliche Entwertung und Missbilligung als — zunächst vordergründige — Interpretationsmuster angesehen werden. Letztere bestimmen entscheidend die Handlungsweisen, die sich in der Folge des Erzählplans für die Rezipienten als eine Art psychologisch begründbares Handlungsschema aufbauen. Gewissermaßen wird ein ungeformter sozialpsychologischer Stoff, in dem es wenig Orientierungspunkte gibt, dramaturgisch geformt, ausgedeutet und erklärt.

Die Verarbeitung einer diffusen oder autoplastischen Ursache beinhaltet ganz im aristotelischen Sinn »Poiesis«, nämlich eine Verarbeitung durch Technik, durch Vermögen, durch Denken, aber auch durch Zufall und Intuition. Etwas wird offenbar, d.h. es tritt aus einem indifferenten Zustand hervor, es wird schön. Schönheit ist hier nur ein anderer Begriff für eine andere Zugänglichkeit. Ein Beispiel ist das objet trouvé. Ein in eine andere Umgebung gestellter Alltagsgegenstand wird nicht mehr von seinem Gebrauch her betrachtet, sondern nach der von seinen Farben und Formen ausgelösten Stimmung. Eine andere Schönheit wird sichtbar, selbst wenn es sich bei dem Gegenstand um ein Pissoir handelt (Marcel Duchamp).

Dramaturgisch von Bedeutung ist die Möglichkeit und nicht die Wirklichkeit. Nicht die bloße Nachahmung des wirklichen Geschehens, sondern das Offensichtlichmachen der in diesem Geschehen angelegten Eventualität bestimmt die Dramaturgie. Hierzu ein anderes Beispiel nach Tarkowski, der sich an einen Film von Pascal Aubier erinnert. Der Film besteht aus einer einzigen Einstellung:

> »Anfangs wird hier das Leben einer majestätisch ruhigen Natur fixiert, die gegenüber menschlicher Unrast und menschlichen Leidenschaften gleichgültig bleibt. Entsprechend einer meisterhaft-virtuos geführten Kamera verwandelt sich dann ein kleiner Punkt in die Figur eines schlafenden Menschen, die im Gras, am Hang eines Hügels, kaum bemerkbar ist. Allmählich kommt es zu einer dramatischen Zuspitzung. Der Zeitablauf wird deutlich beschleunigt, angetrieben von unserer Neugier. Gemeinsam mit der Kamera schleichen wir uns sozusagen langsam an die Figur heran, um dann, als wir endlich an sie herangekommen sind, begreifen zu müssen, daß der Mensch, der da liegt, tot ist. Und bereits in der nächsten Sekunde wächst unser In-

formationsgrad: wir erfahren, daß dieser Mensch nicht nur einfach tot ist, sondern erschlagen wurde. Daß dies ein an seinen Verwundungen gestorbener Aufständiger ist, der jetzt im Schoße der unbeteiligten und wunderschönen Natur für immer die Augen schloß.« (Tarkowski, 128f.)

Tarkowski betont, dass es in diesem Film keinen einzigen Montageschnitt, keine schauspielerische Leistung und keinerlei Dekorationen gibt. Dafür aber gebe es den Rhythmus der Zeitbewegung in dieser Einstellung, die gemäß einer an und für sich ziemlich komplexen Dramaturgie organisiert sei. Kein einziges Teilelement des gesamten Films könne einen selbstständigen Sinn tragen: Ein Kunstwerk bilde dieser Film als Gesamtheit.

Für Tarkowski ist Film »Bildhauerei aus Zeit«. (Tarkowski, 138) Das Zeitempfinden als Bestandteil der lebendigen Wahrnehmung des Regisseurs prägt den Rhythmus des Gefilmten. Kunstwerk ist der Film von Aubier jedoch nicht in erster Hinsicht dadurch, dass er nur aus einer einzigen Einstellung besteht, sondern durch das Arrangement innerhalb dieser einen Einstellung. Der in die Landschaft hinein konzipierte Körper steht für die Verlagerung des Möglichen in das Tatsächliche. Und zwar so, dass das Künstliche aus der ungewöhnlichen Kombination zweier natürlicher Phänomene entsteht, nämlich der scheinbar unberührten Landschaft und einer Leiche. In dieser Künstlichkeit werden sie gegenseitig neu interpretiert.

Wie das kleine Filmbeispiel veranschaulicht, entsteht ästhetischer Reiz weder durch die aufgenommene unberührte Landschaft noch durch den in dieser Landschaft vorgefundenen Toten. Ästhetischer Reiz wird, wenn überhaupt, aus dem merkwürdigen Kontrast des Berührten, Erschlagenen zur unberührten Idylle gewonnen. Auch in einem dokumentarischen Feature wäre dieser Kontrast hervorgehoben, um Erschütterung beim Betrachter auszulösen. Die Einsicht in die Brutalität des Geschehens wird nicht verstandeslogisch erzielt. Sie wird ästhetisch und gefühlslogisch erweckt. Die Betrachter werden nicht nur mit dem Bild einer Leiche konfrontiert, sie erleiden das Schicksal eines Menschen in einer allgemeineren Form, indem ihre Assoziationen zu persönlichen Erfahrungen und Verhältnissen freigesetzt werden. In dieser Freisetzung von Gedankenverbindungen, die die Tragweite der Handlung erst offensichtlich machen, liegt die vordringliche Aufgabe der Dramaturgie. Ihre Künstlichkeit muss sich übermitteln in glaubwürdige natürliche Vorstellungen, von denen aus sie selbst als berechtigt erscheint.

Was gefällt, ist eine Frage der Interpretation. Autoren und Dramaturgen gewinnen zu ihrem Stoff oder ihrer Idee eine Einstellung. Sie gehen der

Sache, Handlung oder dem Inhalt auf den Grund und heben ihn hervor. Rezipienten wird das relevante Moment, das Besondere zugänglich gemacht, indem es dem Unauffälligen, Gewöhnlichen enthoben wird. Dies kann durch Kontrastierung geschehen, durch das Herstellen eines ungewöhnlichen Zusammenhangs, sogar auch durch ein auf das Besondere hinweisende Informationsdefizit.

2.2 Darstellungsformen

In unterschiedlichen Darstellungsformen wird unterschiedlich mit dem operiert, was unter Künstlichkeit zu verstehen ist. Künstlichkeit ist ein anderer Begriff für den Vorgang der praktischen Gestaltung, die immer einen gewollt synthetischen Zugriff auf das vorhandene Material vorsieht. Dabei ist die Gestaltung abhängig vom technischen Medium, in dem sie sich vollzieht. Bei Aubier wird technisch Künstlichkeit erzielt durch die mehr und mehr beschleunigte Kamerafahrt, die eine bestimmte Betrachtungsform, nämlich wachsende Neugier, simuliert. Der Kontrast Landschaft/Leiche wird erst durch diese Kamerafahrt zu einem dramatischen Ereignis. Herkömmliche menschliche Wahrnehmung wird durch die Kamera substituiert. Sie wird in eine technische Sprache übersetzt.

In der Geschichte technisch vermittelter Information und Unterhaltung hat sich ein Kanon bestimmter Formsprachen gebildet. Sie sind abhängig von den technischen Möglichkeiten und von den Präsentationsarten und -momenten. Für den Kinofilm, das Hörspiel, das Fernsehspiel oder das Feature, auch das Multimediaprodukt, haben sich unterschiedliche audiovisuelle und auditive Erzählweisen etabliert. Sie bestimmen die Dramaturgie der einzelnen Darstellungsformen.

In den audiovisuellen Medien ist es vor allem die bildliche Qualität, die das dramaturgische Arbeiten bestimmt. Im Kinofilm werden Stimmungen durch das Leinwandformat und die an diesem Format entwickelten Ausdrucksmöglichkeiten erzeugt. Ein Beispiel ist die Einleitungsszenerie des Films »Der englische Patient«, in der ein Flugzeugschatten über Wüstensand gleitet. Die Weite des Raums bei gleichzeitig beinahe fühlbarer Konsistenz des Sandes wird filmisch verwirklicht. Eine Aufgabe der Drehbuchautoren ist es, solche Stimmungsbilder zu skizzieren, mit stark sinnlich erfahrbaren visuellen Informationen Teile der Geschichte zu erzählen. Atmosphärische Bilder und computererzeugte Spezialeffekte zielen auf die direkte Einbeziehung der Zuschauer in das unmittelbare Kinogeschehen. Kinokunst ist atmosphärische Kunst. Die Form der Darstellung von Nahaufnahmen und besonders der Totalen ist in allen Produktionen auf die atmosphärische Leistung der Großleinwand ausgerichtet. Dramaturgisches Ziel ist im Wesentlichen unabhängig von allen narrativen Vorgängen die Faszination, die — wer so will — Verzauberung und auch Verblendung der Zuschauer.

Im Fernsehspiel hat die visuelle Erzählform eine andere Bedeutung. Sie ist eher informativ und illustrativ. Raumdarstellungen werden technisch bedingt auch öfter in Einzelbilder aufgelöst. Dies hat Folgen für die Drehbuchgestaltung. Das Fernsehspiel ist in der Regel wortreicher als ein Kinofilm. Es bietet vor allem Dialoge, Mensch-zu-Mensch-Situationen.

Die unterschiedlichen technischen Möglichkeiten sowie auch der Ort, an dem die Filmprodukte gezeigt werden, bestimmen weitergehende formale Eigenheiten. Das Fernsehspiel, direkt ins Wohnzimmer gesendet, hat eine andere Unmittelbarkeit als eine Vorführung im Kino. Fernsehzuschauer suchen Bezüge zu ihrer eigenen Wirklichkeit. Deshalb behandeln Fernsehspiele oft so genannte kleine Sujets. Im Kino suchen Zuschauer zu ihrer eigenen unterschiedliche Wirklichkeitserfahrungen. Am Beispiel der Science-Fiction-Filme wird deutlich, dass in Fernsehproduktionen eher Charakterdarstellungen im Vordergrund stehen, im Kino Visionen.

Kennzeichnend für das Fernsehspiel ist in erster Hinsicht die Medialität des Fernsehens mit den ihm eigenen Programmstrukturen. Das zeigt sich besonders dort, wo Fernsehspielideen erfolgreich als Serie konzipiert werden und wiederkehrende Programmbedürfnisse erfüllen. Ob nun in Fernsehspielen Groß- und Nahaufnahmen häufiger vorkommen oder Dialoge wichtiger sind als im Kinofilm, das Fernsehspiel erhält seine Bedeutung im Zuge häuslicher Intimität, die von den speziellen Erwartungen der Fernsehrezipienten getragen wird.

Ein Beispiel ist die Serie »Star Trek«, die zunächst rein für das Fernsehen konzipiert wurde. Erst durch den Erfolg der Serie »Star Trek« wurden Kinoproduktionen herausgebracht, die dann auch den eigenen kinospezifischen Duktus aufwiesen. Die Serie ist in ihren Einzelfolgen stark von den klassischen und konventionellen Erzählmustern des Hollywoodkinos geprägt, jedoch reduziert auf vereinfachte, eher schematisierte Sachbezüge, in denen Spannungsabläufe normativer und standardisierter aufgebaut sind. Die Star-Trek-Kinofilme selbst nehmen so etwas wie eine Mythisierung der Serieninhalte vor. Diese filmische Mythisierung hat sich dann wiederum auf spätere Serienproduktionen wie »Deep Space Nine« und »Voyager« ausgewirkt.

Abgesehen von den ganz anderen Produktionsbedingungen des mit größerem materiellen und ideellen Aufwand hergestellten Kinofilms zeigt sich dessen besondere dramaturgische Eigenheit wie gesagt in seiner speziell auf die Großleinwand ausgerichteten audiovisuellen Erzählweise. Der narrativ-illusionistische Komplex des Kinofilms suggeriert mehr als das Fernsehspiel die Teilnahme an einem öffentlichen Ereignis. Noch vom Fernsehen selbst ausgestrahlt, erhält sich dieser Charakter, verliert aber an Bedeutung gegenüber dem Filmerlebnis im Kinosaal. Im Fernsehen wird der Kinofilm als »Kino in der Kiste« (Berliner Programmzeitschrift »Zitty«) erneut reproduziert zugunsten einer Privativbestimmung. Der Ort des Geschehens wird verlagert und seine audiovisuelle Qualität vermindert. Diese verminderte Seh- und Hörbeschaffenheit ist grundsätzlich Maßstab für die reinen Fernsehproduktionen, die sozusagen in einer Bildschirmlogik verbleiben. Was dem Fernsehen gegenüber dem Kino fehlt, ist der mit der größeren Raumillusion formulierte Traum. Gegenüber diesen Traumwelten, deren Sprache auf die großen Gesten und technische bis technizistische Opulenz abhebt, erscheint das Fernsehstück noch immer profaner, schmuckloser. Das ist zugleich seine Stärke, die in vielen Fällen nicht ohne Wirkung auf die Erzählweise von Kinofilmen geblieben ist, wie z.B. in Filmen von Jim Jarmusch oder Stephen Frears. Die in der Banalität des Alltäglichen wirkenden dramaturgischen Zuspitzungen bestimmen solche eher für das Fernsehspiel typischen Konzeptionen. Sie erfordern eine unmittelbar auf das Privatleben der Rezipienten abgestimmte Dramaturgie. D.h. sie sind nicht im Stil der voluminösen Kinoabsichten arrangiert, erzählen unverblümter, unaufdringlicher.

Der 1994 von Richard Linklater inszenierte Liebesfilm »Before Sunrise« lebt beinahe ausschließlich von Dialogen und leisen Szenen, die ohne den üblichen kinotechnischen Aufwand auskommen. Eine Pariser Studentin und ein junger Amerikaner, die sich in einem Zug kennen lernen, entschließen sich, gemeinsam eine einzige Nacht in Wien zu verbringen. Vor der immer beschaulicher gefilmten Stadtkulisse öffnen sie sich füreinander in einem nicht abreißenden Gespräch, das in seinen freien Assoziationen ein Problemszenario der Lebenseinstellung junger Menschen in der westlichen Welt der neunziger Jahre umreißt. Das mythisierende Moment des Kinos wird direkt in diese Gespräche eingebracht, die in einem eher philosophischen Sinn Liebe, Tod und menschliche Einsamkeit reflektieren. Die Kinoleinwand lässt die Worte und Großaufnahmen der Gesichter stilisierter und bedeutsamer erscheinen als ein Fernsehbild dies täte, das eher dokumentarische Qualität signalisieren würde. Ein Drehbuch für ein Fernsehspiel bildet eher authentisch ab, als sich um darstellende Fiktionalisierung zu bemühen. Der Reiz des Spielfilms »Before Sunrise« ergibt sich so aus der filmischen Transformation des Fernsehspielgedankens. Als Fernsehspiel von seiner Struktur her durchaus denkbar, verlöre er doch die Eindringlichkeit seiner Alltagsästhetik. Die Story träte gegenüber der Wirkung der Porträtaufnahmen mehr hervor. Die symbolisch-allegorische Betonung der Örtlichkeiten, an denen Gespräche stattfinden (Züge, Riesenrad, Brücken, Friedhof, nächtlicher Fluss und Künstlercafé), folgt kinematographischer Manier. Vor den wechselnden Örtlichkeiten werden die Gesprächsstimmungen zunehmend romantisiert und idyllisch. So ist das Drehbuch des Films nur scheinbar ein reines Dialogbuch. Zwar in der Tradition der Dialogromane angelegt, setzt es auf Illusionismus. »Before Sunrise« ist ein Film, der die Darstellungsmöglichkeiten des Fernsehens bewusst einsetzt und bewusst verlässt.

Moderne Fernseh- oder Hörfunkfeatures gleichen oft collagierten Bildern. Der englische Begriff »Feature« heißt übersetzt Gesicht, Gestalt, aber auch Grund- und Charakterzug, Merkmal oder Besonderheit. Ein Feature stellt das für die Sache Typische, Charakteristische heraus. Es kann auch als eine durch Grundsatzbetrachtungen erweiterte Reportage fungieren. Im Feature darf fiktiv gearbeitet werden, um Eindrücke der Wirklichkeit zu verdeutlichen. In Featuremanuskripten finden sich nicht nur Interviews und Moderationen, sondern immer auch technische Anweisungen oder Ideen für akustisch oder audiovisuell gestaltete Stimmungen. Hörspiele sind heute ebenfalls oft collagiert. Den Sendemanuskripten voraus gehen Verlaufspläne oder Partituren, deren Erarbeitungsstufen denen eines Drehbuches entsprechen.

Hörspiele haben viele, nicht klar definierte Erscheinungsformen, deren Spektrum durch einige Begriffe angerissen werden soll. Sehr alt sind Sendespiele, die fast ausschließlich auf einer Dialoghandlung basieren und vom Aufbau oft ähnlich gestaltet sind wie Bühnenstücke. Sendespiele sind szenische Hörspiele mit einer dramatischen Handlung. Szenisch aufgebaut können auch Gesprächshörspiele sein sowie narrative Hörspiele, in denen ein Erzähler Figuren und Handlung vorstellt. Narrativ sind auch nicht szenische Funkerzählungen. Eine oft episch ausgelegte Form ist das subjektive Hörspiel, in dem Figuren ihre Gedanken und Empfindungen vorstellen oder reflektieren, in Selbstgesprächen, Monologen oder Erzählungen ihre Innenwelt herzeigen. In den 60er Jahren wurden Originalton-Hörspiele modern, die zunächst nicht fiktiv waren. In den letzten Jahren hat sich im Rahmen des Originalton-Hörspiels der Umgang mit Aufnahmen geändert, sie werden nicht mehr vorrangig als Dokument genutzt, sondern verfremdet und in andere Sinnzusammenhänge gestellt, so dass nicht mehr davon gesprochen werden kann, dass ein Originalton-Hörspiel nicht fiktiv sei. Häufig sind nach wie vor Montagen und, in den letzten Jahrzehnten zunehmend, Collagen. Montage-Hörspiele sind literarische Hörspiele, die auf vorgefundenem Textmaterial beruhen. 1970 schrieb Stefan Hermlin »Scardanelli«. Darin erkundet ein fiktiver Fragesteller aus dem Jahr 1826, dem Erscheinungsjahr von Hölderlins letztem größeren Werk, Hölderlins Leben. Die Antworten hat Hermlin aus zeitgenössischen Dokumenten und Briefen aus Hölderlins Korrespondenz zusammengestellt. Die Collage ist im Gegensatz zum Montage-Hörspiel eine nicht textgebundene Zusammenstellung von unterschiedlich gewonnenem und geartetem Material. In Collagen spielt das Wort oft eine untergeordnete Rolle. Hörspiele gibt es sogar als Livesendungen mit Hörerbeteiligung. Der ORB startete 1993 die Reihe »Der Ohrenzeuge«. Darin recherchiert Cleo Fischer, eine Kriminalpolizistin, Verbrechen. Deren Plot ist zwar durch ein Skript (es umfasst etwa die Hälfte der Sendelänge) vorgegeben, in deren Lösung können sich aber Zuhörer über das Telefon einschalten.

Feature und Fernseh- oder Hörspiel zählen zu den Unterhaltungssendungen. Die Grenzen zwischen ihnen sind nicht eng gezogen. Aber grob kann gesagt werden: Im Feature bleiben Probleme dort lokalisiert, wo sie in der Wirklichkeit auftauchen. Man kann von Tatsächlichkeit sprechen, während im Fernseh- und Hörspiel Probleme zu menschlichen Stoffen abstrahiert werden. Sie sind fiktional. Features sind meistens aktuell, während Spielhandlungen eher aktuellen Bezug besitzen. Im Feature kann die Aufarbeitung des zu vermittelnden Inhalts ständig wechseln, während sich Hörspiel- und Fernsehspielautoren für eine einmal gewählte Verarbeitungsform entscheiden.

2.3 Form und Inhalt

Allgemein lässt sich sagen, der dramaturgische Entwurf entspricht einer Formgebung des Einfalls in einem mehr und mehr differenzierten Maß. Wie speziell die Beispiele von Lem und Dürrenmatt verdeutlichen, fordert eine entstandene Ausnahmesituation die dramaturgische Lösung geradezu heraus. Es zeigt sich, Form und Inhalt sind nicht voneinander zu trennen, bedingen sich wechselseitig auf eine Weise, die es nicht leicht macht mit Hinblick auf die dramaturgische Gesamtentwicklung Initialmomente unter jeweils formalen und inhaltlichen Gesichtspunkten zu bestimmen. Für den Einfall und die Entwicklung zur Ausgangssituation lässt sich sagen, dass zunächst eher von einer formlosen, ungestalteten Axiomatik auszugehen ist, nämlich insofern die Axiome einer Geschichte in dieser selbst bekanntlich erst Form gewinnen. Der inhaltliche Impuls, hier als Axiom verstanden, ist — so gesehen — etwas, das Form anzieht. Noch die schmuckloseste Information oder Nachricht besitzt daher bereits eine ihr eigene Form. Diese der grundlegenden Information eigene Form ist zugleich eine wichtige Bedingung für die weitere Ausstaffierung der Information oder Nachricht, wenn z.B. ein Feature erstellt werden soll oder aus der dramaturgischen Absicht heraus die Prämisse oder ein Verlaufsplan. Prämisse und Erzählkonzeption sind formale Angebote für den Transport inhaltlichen Rohmaterials. Die Rohinformation wird formal bestimmt und zweckmäßig zugerichtet. Dadurch erhält sie eine erweiterte Verfügbarkeit, die den formalen Zugriff auch als inhaltlichen begreifen lässt. Wenn der Nachricht beispielsweise im Feature eine neue Form gegeben wird und sie gewissermaßen durch Zusatzinformationen aufgeladen wird, ist dies eine Form der Ausdifferenzierung mit weiteren und neueren inhaltlichen Impulsen. Der als Rohstoff wichtig gewordenen Idee, dem inhaltlichen Axiom, der Grundinformation oder Nachricht wird nicht nur eine neue Form gegeben. Diese Form ist eine wesentliche inhaltliche Bestimmung des Werkes. Es wäre hier auf die aristotelische Überlegung zu verweisen, dass das, woraus das Werk entsteht, die Materie, und das, wodurch es entsteht, die Form ist. Für die angesprochenen Medienproduktionen und Darstellungsformen aber lässt sich sagen, dass sie mit ihrem spezifischen Darstellungsmodus gleichsam eine inhaltliche Zurichtung nahelegen. Ein Verlaufsplan lässt dies in der Regel erkennen. Er zeigt, wie der rohe, unbearbeitete Einfall werkbezogen transformiert wird. Diese Transformation von einem Rohstoff zu einem formal-inhaltlichen Gebilde, nämlich dem Drehbuch oder Sendemanuskript, bemüht daher immer einen Prozess der Verarbeitung und Bewältigung von Wirklichkeit. Gesellschaftliche Wirklichkeit wird übernommen und nachentwickelt, und zwar so, dass die vielfältigen und bekannten Formen gesellschaftlichen Miteinanders zu Kategorien oder zu Formbestimmungen werden für das ästhetische Gefüge. Es lässt sich daher einsehen, dass die ästhetischen Formen den inhaltlichen und formalen gesellschaftlichen Veränderungen in ihrer Zeit unterworfen sind und sie ihrerseits Aufschluss über jene Veränderungen bieten. Die Erarbeitung oder das Erstellen der nötigen Voraussetzungen eines Drehbuchs oder Sendemanuskriptes geschieht in sensibelster Auseinandersetzung mit gegenwärtigen Realverhältnissen. Dabei gibt das Drehbuch nicht nur Aufschluss über die Person, die daran arbeitet, sondern auch über die Art und Weise, wie diese Person aufgrund ihrer Konstitution mit den jeweiligen Verhältnissen umgeht, mehr noch, wie die jeweiligen Verhältnisse sich auf den Einzelnen auswirken. So kann das spezielle Buch auch als etwas allgemein Aussagekräftiges verstanden werden. Diese Überlegung ist nicht zu trennen von dem Werkprozess. Jeder Schritt, jede Phase, jeder Teil der Konzeption und Komposition und im Besonderen dann die Dialoge vergegenwärtigen reflektiert oder unreflektiert gesellschaftliches Selbstverständnis. Jede Bestimmung, die sich den elementaren Bedingungen eines Schreibprozesses zugesellt oder direkt aus ihnen ergibt, ist vor allgemeinen inhaltlichen und formalen Kriterien zu überprüfen und womöglich mit dieser Überprüfung um ein Weiteres gedeutet und immer so gedeutet, dass diese Interpretation der eigenen Arbeitsschritte weitere Schritte beeinflusst.

Ein Verlaufsplan kann sehr unterschiedlich aussehen, und die Benennung ist vielfältig. Ob nun Treatment oder bereits Szenario, Handlungskonzeption oder inhaltliche Skizze, es dreht sich in jedem Fall um das Festlegen von Stationen und Konstellationen. Es ist bekannt, daß Hitchcock für seine Szenenentwürfe und Kameraeinstellungen von vorgefertigten und errechneten Skizzen ausgegangen ist. Aber den meisten Autoren scheint es eher um ein vorgefertigtes Schema zu gehen, das unter dieser Bezeichnung als Muster oder Konzept für das Gesamtgeschehen fungiert. Die Koordinaten für jeweilige Konstellationen sind in erster Hinsicht Zeit und Raum, Figuren agieren in Zeit- und Raumzusammenhängen. Ein Verlaufsplan fixiert das Verhalten von Personen unter bestimmten Bedingungen, sei es von ihnen selbst gesetzt oder von anderen oder durch mehr oder weniger besondere Geschehnisse hervorgerufen. Die innerpersönliche Struktur steckt hinter dem jeweiligen Verhalten, sie wird gegebenenfalls in kleineren biografischen Skizzen oder auch in einem Psychogramm vorgedacht.

Ein Beispiel aus der jüngeren Filmgeschichte gibt der Film »Bitter Moon« von Roman Polanski. Erzählt wird von einer besessenen Liebe. Der querschnittgelähmte Oscar berichtet während einer Schiffsreise einem anderen Passagier, dem unerfahrenen und unbeholfen wirkenden Nigel, seine bis zur persönlichen Demütigung und Deformation betriebene Liebesgeschichte. Nigel befindet sich an Bord mit seiner Ehefrau. Sie sind seit sieben Jahren verheiratet und darum bemüht, ihre eintönige Ehe aufzufrischen. Die bis in die kleinsten erotischen Details vordringenden Monologe Oscars und Nigels Neugier führen die beiden ganz unterschiedlichen Liebesverhältnisse zusammen. Polanski erzählt die Geschichte von Oscars Liebe in einem großen Raum-Zeit-Gebilde mittels Rückblenden. Nigels Ehe wird in wenigen Sätzen und Szenen auf dem Schiff beschrieben. Oscars Geschichte entfaltet sich nach und nach als eine gesteigerte Gier nach totaler Erfüllung bei gleichzeitiger persönlicher Reduktion und Erniedrigung, während Nigels Ehe aufgrund fehlender Leidenschaftlichkeit gegenüber ihren Ansprüchen versagt. In vieler Hinsicht sind beide Verhältnisse symptomatisch für von Polanski beobachtete Formationen zeitgenössischer Liebe. Sein allegorisches Anliegen verbietet es, nur eine tragische Geschichte einer besessenen Liebe zu erzählen, wie sie sich zwischen Oscar und seiner Frau Mimi zuträgt. Diese Geschichte wird, obgleich räumlich zentral, hinter das gegenwärtige Geschehen auf dem Schiff gerückt, das zwei Paare zu Handlungskonsequenzen zwingt. Aus diesem Grund wird das Mittel der Rückblende gewählt. Sie dient dazu, eine Geschichte in der Geschichte zu erzählen und gleichzeitig die Figur Oscar als zwanghaft erzählenden Charakter vorzuführen. So spitzt sich das vergangene Geschehen auf das aktuelle zu. Die Oberfläche der Rahmenhandlung wird zum Ende des Films immer gewichtiger, sie wird in sich aufgeladen durch die gesteigerte Destruktionshaltung des einen Paares und durch die verstärkte Konfliktbereitschaft des anderen. Wo Nigel seine Frau durch stundenlanges Zuhören bei Oscar vernachlässigt und sich mehr und mehr für Mimi interessiert, zeichnet sich durch das Auftreten eines verwitweten Inders mit seiner kleinen Tochter eine Veränderung in der Haltung Nigels Frau ab. Erinnert an ihre durch Nigels Einstellung bedingte Kinderlosigkeit, beginnt sie sich aktiv in den weiteren Handlungsverlauf einzuschalten. Dadurch wird sie zum Werkzeug von Oscars Neigungen. Anstelle von Nigel schläft sie mit der lüsternen Mimi vor den Augen Oscars. Aufgebaut wird diese dramaturgische Wendung durch Szenen, die ihre Frustration über eine öde Ehe verdeutlichen, in denen ihr durch den Inder vorgeführt wird, was sie sich wünscht, und in denen schließlich Oscar durch gezielte hämische Provokationen ihr Verhalten steuert.

Für einen Verlaufsplan zum Film ließe sich sagen: Die Berührung der beiden Paare und ihrer ganz unterschiedlichen Geschichte erfolgt über die Frauen, als Nigels Gattin der unpässlichen Mimi beisteht. Oscar beobachtet, wie Mimi Nigel in ihren Bann zieht. Damit sind die Hauptfiguren miteinander verknüpft. Oscar lockt nun Nigel in seine Kabine und nimmt ihn mit seiner Lebensgeschichte in Beschlag. In der Folge gerät Nigel in Konflikt mit seiner Frau, weil sie sich vernachlässigt fühlt und in inneren Konflikt, weil er sich immer unwiderstehlicher zu Mimi hingezogen fühlt. Der innere Konflikt seiner Frau wird durch eine Nebenlinie erzählt, in der ein indischer Witwer sie auf ihre Eheproblematik aufmerksam macht. Der Konflikt Oscar/Mimi einschließlich ihrer Persönlichkeitsbeschreibungen wird durch Oscars Bericht stetig sich steigernd beschrieben. Der Raum-Zeit-Wechsel Schiff/Liebesgeschichte Oscar bei gleichzeitiger dramatischer Zuspitzung beider Erzählstränge lässt Zuschauer ihre Zusammenführung antizipieren. Die Verbindung beider Erzähllinien markiert den Höhepunkt des Films und gleichzeitig das Ende Oscars und Mimis. In der abschließenden Sequenz wird eine Konfliktlösung Nigels Ehe angedeutet, die die Geschichte ausklingen lässt.

In einem Verlaufsplan wird ein solches Erzählschema mit seinen unterschiedlichen dramaturgischen Mitteln in einzelnen inhaltlichen Einheiten ausformuliert. Das Inhaltliche wird formal analytisch aufbereitet. Dabei wird durchaus szenischen Ideen Platz geboten. Anders jedoch als das Exposé gibt ein Verlaufsplan Aufschluss über das funktionsmechanische Zusammenwirken der inhaltlichen Elemente.

In einem Treatment, einer Erzählkonzeption oder einer Ablaufskizze für ein Feature spiegeln sich Formgebungen der Idee wider: Der dramaturgische Impuls wurde aus dem Einfall, Thema oder vorliegenden Inhalt gewonnen und bereits gedanklich formal verarbeitet. Eine dramaturgische Idee zur Darstellung des Besonderen wurde entwickelt. Sie wird fixiert durch den Handlungsverlauf bzw. die Abfolge der inhaltlichen Darstellung. Salopp gesagt, ein Treatment oder ein Verlaufsplan macht deutlich, »wo der Hase hinläuft«. Diese Zwischen- oder Vorformen eines Sendemanuskriptes oder Drehbuches erheben nicht den Anspruch, dramaturgische Mittel der Komposition, die Art der Darstellung im Einzelnen anzugeben. Die Frage, welche Einzelheiten wie gesagt oder ausgedrückt werden, beantworten Verlaufspläne noch nicht.

2.4 Medienspezifische Mittel

Ein Kostümfilm. Eine Frau sitzt vor ihrem Spiegel und lächelt sich eitel und selbstverliebt zu. Sie wird von ihren Zofen angekleidet. Ihr Gesicht ist hat einen genießerischen Ausdruck. Ihr Körper wird in einer komplizierten Prozedur in ein Rokokokleid gepackt, die Schleppe zur Sicherheit noch mit ein paar Nadelstichen befestigt. Immer wieder erscheint ihr Gesicht in Großaufnahme. Sie konzentriert sich auf etwas, rüstet sich auf etwas zu. Zwischendurch eine Parallele im Ankleidezimmer eines Mannes: Keck streckt er seinen Arm aus der Bettdecke hervor. Seine Diener präsentieren ihm Schnallenschuhe, die er mit Überlegung und Sicherheit aussucht. Nach dem Bestäuben seiner Perücke mit Puder taucht ein unbewegtes verschmitztes Gesicht unter der Maske auf, die Kamera fährt über die Brust hinunter, ein Diener schnallt ihm den Degen um. Nun schreitet die Frau mit hintergründigem Lächeln in ihren Salon, dem Mann blicken die Diener bewundernd nach, wie er sich perfekt angetan auf den Weg zu seiner Kutsche macht, in der er zu ihr fährt. Anmelden lässt er sich durch einen Herzkönig.

Diese Sequenz ist der Beginn des Films »Gefährliche Liebschaften« von Stephen Frears. Es ist klar, zwischen dieser Frau und diesem Mann herrscht eine Spannung. Mehr noch, die beiden rüsten sich an diesem Morgen für Geschäfte, die Sorgfalt in der Vorbereitung erforderlich machen. Diese Sorgfalt und die Fokussierung auf die zwei Personen signalisiert, dass sie die Protagonisten des Films sein werden. In der Ankleidesequenz fällt kein Wort. Die Informationen sind fast ausschließlich bildlich und damit dem Film als vornehmlich visuellen Medium gerecht. Obwohl es keinen Dialog gibt, tauchen Szenen wie diese im Drehbuch als Beschreibungen (z.B. narrative Schilderung) oder technische Anweisungen (z.B. zwischen Dialogpassagen geschobene Notiz) auf. Autoren und Dramaturgen arbeiten jeweils medienspezifisch, um möglichst effektiv darstellen zu können.

Im Filmbereich sind medienspezifische Mittel neben akustischen Effekten vor allem visuelle Zeichensetzungen. Dazu zählen Dekorationen, also feste Objekte und Einrichtungen, sowie Requisiten, also von Akteuren benutzte Dinge, die als konkrete Charakterisierungen eingesetzt werden. Das Aussehen der Schauspieler ist Ausdruck ihres Charakters. Auch Mimik wird im Drehbuch an entscheidenden Stellen festgelegt. In dem Beispiel wird durch die Art und Weise, wie sich die Frau an ihrem Toilettentisch herrichten lässt und ihren Ohrring selbst zurechtrückt, eine erste Charakterskizze geliefert. Sie schaut geduldig und siegesgewiss, aber gleichzeitig genau prüfend und beharrlich. In seinen präzisen, herrischen Gesten offenbart sich ein energischer Typ mit starkem inneren Antrieb.

Ort und Zeit können ebenfalls medienspezifisch dargestellt werden, um bestimmte Aussagen zu treffen. Es deutet z.B. auf etwas ganz anderes hin, wenn eine Frau allein tagsüber oder nachts durch einen Park läuft. Ungewohnte Orte und Zeiten weisen auf ungewöhnliche Dinge hin. Lichtverhältnisse beschreiben Atmosphäre und werden an besonders aussagerelevanten Stellen im Drehbuch bestimmt. Der Roman noir, der als Antwort auf die unterhaltsamen Kriminalgeschichten der Oberschicht das brutale Milieu der Gosse beschreibt, fand im Kino seine Entsprechung. Der Film noir spielt tatsächlich vornehmlich in nachtschwarzer Kulisse, der Saturiertheit bürgerlicher Villen wird in den 40er Jahren das Elend von Männern in regennassen Mänteln oder zu leicht bekleideten Frauen gegenübergestellt.

Solche Aspekte gelten nicht nur für fiktive Arrangements, sondern auch für die dokumentarische Arbeit in Features. Wo und wann eine Person auftritt, welche äußeren Merkmale an Kleidung oder Gestik für sie charakterlich aussagekräftig sind, wird beobachtet und visuell oder akustisch herausgestellt. Es gilt, das für die Person oder Szenerie Besondere ausfindig zu machen und betont zu vermitteln.

Im Hörbereich werden die dramaturgischen Möglichkeiten, Informationen zu vermitteln, in akustische Varianten übersetzt. In Sendespielen, also vornehmlich Dialoghandlungen, können Orte sehr einfach dargestellt werden, indem ein Hinweis darauf in den Gesprächen der Akteure erfolgt. Eine Örtlichkeit kann aber auch eindimensional als Entfernung vom Mikrofon begriffen werden, und sie wirkt in der Farbe, die Worten und Tönen aufgeprägt wird. Dieses Mittel wird meist mit dem Einsatz von orts- oder situationsspezifischen Geräuschen kombiniert. Verschiedene Stimmungen können durch technische Veränderungen der Töne (Hall, dumpf) ausgedrückt werden. Der Musikeinsatz steht häufig mehr im Vordergrund als beim Film. Deshalb finden sich meist konkrete Hinweise darauf in den Verlaufsplänen, Manuskripten oder Partituren von Hörspielen oder Features.

In Hörspielen wird mit der Sprache nicht nur von der rein inhaltlichen Aussage her umgegangen. Es wird mit Sätzen oder Satzfetzen auch in der Weise gespielt, dass nicht mehr vordergründig ein inhaltlich linear aufgebauter Erzählvorgang wichtig ist. Ein Beispiel ist eine Passage aus dem Hörspiel »Wenn der Vater die Zähne verliert, müssten dem Sohn Hände wachsen« von Hubert Wiedfeld. In drei gleichzeitig laufenden Erzählsträngen werden eine Szene aus dem Krieg und zwei Erinnerungen zeitgleich nebeneinandergestellt. Die Vergangenheit eines Vaters rückt in die Gegenwart dadurch, dass sie direkt gespielt wird, die Erinnerungen des Sohnes Günter und der Mutter an diese Szene, die gegenwärtig sind, werden zu Kommentaren, die die vergangene Handlung im Hinblick auf das Heute zusätzlich dramatisieren:

		Günter innen	Mutter im Zimmer
Vater	Die Betten.	Die Betten. Er durfte	
2. Mann	Der ist verrückt.	nicht in den Bunker	Wir sind in den Zug
1. Mann	Das kracht hier	Er war draußen	gestiegen und zu

	jeden Moment zusammen.	während des Angriffs.	Seinen Verwandten
3. Mann	Wozu brauchst du noch Betten? Komm erst mal raus.	Ich habe ihn nie gefragt, wo. Die Betten.	gefahren. Wir wollten so schnell wie möglich wieder
Vater	Die Betten.		zurück in die Stadt.
1. Mann	Im Bunker sind alle erstickt.	Er ist noch mal ins Haus gegangen	Es sind fünfzehn Jahre geworden.
2. Mann	Das ist nicht wahr.	Wegen der Betten.	Fünfzehn Jahre in
Vater	Das ist nicht wahr.	Warum die Betten?	dem Loch auf dem
1. Mann	Uns holt hier keiner raus.	Die Betten. Er rannte Die Treppen hoch im	Dachboden. Er wollte nicht.
2. Mann	Zum Hagenmarkt.	brennenden Haus.	Er wollte einfach nicht.
Vater	Die Betten.		Er wollte einfach nicht weg.

(Wiedfeld, 296)

Es ist unmöglich, jede Person im Einzelnen zu verstehen. Wiedfeld drückt Stimmungen aus, die Erregungen der Figuren potenzieren sich in ihrer Unterschiedlichkeit durch die Mehrstimmigkeit.

Die Koordinaten eines Geschehens, Zeit und Raum, lassen sich akustisch mittels Stereofonie aufeinander beziehen. Zeitlich simultan Stattfindendes wie auch die Beschreibung eines Ortes bei gleichzeitiger Handlung lassen sich auf Stereopositionen verteilen. Glenn Gould hat sich den Stereoeffekt in seinem Hörspiel »Die Spätankömmlinge« zunutze gemacht. In einer Szene streiten eine Dame, die ihr Leben in der relativen Isolation Neufundlands ablehnt, und ein Herr, der, wie es Gould beschreibt, von »der Perspektive einer Hütte in den Wäldern« schwärmt, miteinander.

> »Die Szene sollte die Struktur A B A erhalten — eine dreiteilige Form, wie man sie sich in der Musik vorstellen würde —, und da die

beiden A-Segmente unsere Hauptpersonen enthalten sollten, die miteinander stritten, dabei immer schneller wurden, so daß ihre Erwiderungen immer kürzer ausfielen, mußte das B-Segment irgendwie Portugal Cove (abgelegenes neufundländisches Dorf, um das es in dem Streit geht, Anm.d.A.) darstellen oder andeuten. Und wir fanden zwei alte Kahlköpfe — wirklich ganz erstaunliche Burschen, die aus Erfahrung wußten, was Einsamkeit heißt —, rückten die Stereoperspektive für das B-Segment ganz nach links, versuchten zu vermitteln, daß da ein Kai war, gegen das geräuschvoll die Brandung schlug (mit viel lauteren Meeresgeräuschen als in den A-Abschnitten der Szene), und dieser Teil des Hörbildes wurde dann tatsächlich zu Portugal Cove. Man hört die beiden sehr rührenden Soliloge, und wenn der zweite ausgeblendet wird, bewegen sich die Wassergeräusche von links in die Mitte zurück, und die Dame redet immer noch über die Rocksäume in Portugal Cove. Wir blenden sie wieder ein und stellen fest, daß sich nichts geändert hat — und bei ihr sich vielleicht auch nie etwas ändern wird.« (Gould, 195f.)

Ein solcherart gebildeter Raum wird neben der Sprache akustisch vornehmlich durch Geräusche beschrieben. Sie dienen, ob im Hörspiel oder Feature, nicht nur Orts- oder Geschehensdarstellungen. Durch ihren Einsatz werden Charakterisierungen im Hinblick auf das vorgenommen, was sie an Assoziationen wecken. Hart, weich, laut, leise, schrill, hell und dunkel sind nicht nur Tonklänge, sondern so lassen sich gleichermaßen auch menschliche Eigenschaften beschreiben. Wie diese Klänge eingesetzt werden, bestimmt die Atmosphäre des Hörspiels oder Features. Wie z.B. durch Intensität, Vereinzelung oder Kakophonie.

Um medienspezifische Mittel auszuschöpfen, kann bei jeder Information oder Erzähleinheit überlegt werden, auf welche Weisen sie darzustellen ist. Beim Film stehen visuelle Informationen nicht nur geschichtlich vor der Sprache, sie können in diesem Medium eindringlicher als andere Mittel gestaltet werden. Im Hörbereich treten Geräusche und Klangfarben gerade deswegen besonders hervor, weil die Bilder dazu fehlen, und beinhalten deswegen einen besonders hohen Assoziationsfaktor. Auch wegen des technisch und personell viel kleineren Aufwandes als beim Film übernehmen Autoren dramaturgisch-technische Aufgaben. Die Erzählweise durch Geräusche, Musik und Klangfarben taucht in Sendemanuskripten nicht nur an besonders relevanten Punkten, sondern durchgängig genau beschrieben auf.

Die medientechnische Ausgestaltung ist letztlich eine Aufgabe der Regie, nicht der Autoren oder Dramaturgen. Dennoch gibt es technische Mittel und Kodizes, die Autoren und Dramaturgen kennen und beachten. Im Hörbereich sind dies vor allem die Stereofonie, die Klangvielfalt, -mischung und -verfremdung sowie die Klang- bzw. Sprachsetzung in der Zeit (linear, sich überlagernd, verzögert, mit Unterbrechungen). Filmvorlagen enthalten wie gesagt weniger medienspezifische Anweisungen. Auf die Visualisierung von Informationen wird jedoch hingewiesen. Dabei spielt auch der Genrebezug eine Rolle. In Science-Fiction-Filmen werden beispielsweise die Möglichkeiten der Special-Effects ganz anders berücksichtigt als in einem Beziehungsmelodram. Das spiegelt sich auch in den Dialoginformationen und in seinem Ausdruck wider. Insofern arbeiten Autoren und Dramaturgen Regisseuren mit ihren Vorstellungen zu.

2.5 Von der Konzeption zur Komposition

Der Begriff der Konzeption mit der Bedeutung eines geistigen, künstlerischen Entwurfs für ein Werk, steht im medizinischen auch für Empfängnis, also für den Anfang des Entwicklungsprozesses eines menschlichen Wesens. In der Regel stichwortartig notiert, steht die Konzeption am Anfang von Projekten mit arbeitstechnischem oder künstlerischem Vorsatz. Über das lose Sammeln von Eindrücken und Assoziationen, das so genannte Brainstorming hinaus, werden in der Konzeption Prozesslinien (inhaltliche Verläufe), -strecken (Episoden) und -stationen (Abschluss- oder Höhepunkte) festgelegt. Grundvorstellungen werden mehr und mehr zusammengefasst oder abgefasst und nehmen Entwurfscharakter an. Konzeption steht für Entwurf in einem noch sehr undeutlichen Sinn. Von der Durcharbeitung der Konzeption leiten sich die für die dramaturgische Arbeit wichtigen Positionen ab. Exposé, Treatment oder Verlaufsplan umfassen Arbeitsschritte, die unmittelbar der Ausarbeitung der Konzeption entspringen. Die medienspezifische Situation ist hier bereits berücksichtigt. In der Konzeption wird die Gestaltung des Produkts vorgedacht, und selbstverständlich ist vor allen inhaltlichen und formalen Ausführungen bereits die Darstellungsform gewählt. Nur in seltenen Fällen wird mit der Erarbeitung der Konzeption und weiterer dramaturgischer Schritte die Darstellungsform gewechselt.

Für die Erarbeitung eines Hör- oder Fernsehspiels, eines Spielfilms oder eines Features lassen sich gleichwertige Prozessverläufe fixieren. Aber ohne Frage variieren diese bei den einzelnen Darstellungsformen und unterschiedlichen Autoren erheblich. Beim Feature ist, bedingt durch die Berücksichtigung von Originalaufzeichnungen und die Verbindlichkeit dieser Dokumente, die Konzeption immer schon ausgerichtet auf ein avisiertes Material. Die Featurekonzeption ist ganz spezifisch von der Möglichkeit der Integration dieses Materials in die Komposition beeinflusst. Das trägt zur Kennzeichnung dieser Darstellungsform als einer angewandten gegenüber den anderen freieren und spielerischen Formen bei. Was nicht besagt, dass dem Feature spielerische Momente fehlen. Diese sind ihrerseits mehr auf die Montage verlegt, also auf die Auswahl und das Zusammenführen und Kommentieren von Versatzstücken. Die künstlerische Leistung besteht hauptsächlich im Arrangement. So gesehen erhält die Bedeutung der Konzeption für das Feature einen anderen Rang. Sie ist in ihren wichtigsten Teilen nahezu automatisch kompositorisch.

In dem Feature »Jetzt«, von Studenten des Theaterwissenschaftlichen Seminars der Humboldt-Universität zu Berlin unter der Leitung von Robert Matejka erstellt, wird eine Vorstellung von Berlin bei Nacht vermittelt. Akustische Großstadtzitate sind aneinandergeschnitten. Originaltöne aus der Disco, der Kneipe, von der Nachtarbeit, Gespräche auf der Straße, Interviews mit Menschen, die nachts zu tun haben, werden versetzt mit künstlich nachempfundenen Geräuschen. Strukturiert wird die Nacht durch immer wieder eingeblendete telefonische Zeitansagen. Die Nacht ist fiktiv, die Aufnahmen zum größten Teil authentisch nachts erstellt. Die Konzeption dieses Features besteht aus kaum mehr als der inhaltlichen Idee, einer knappen Einleitung und der Wahl der Aufnahmeorte bzw. typischen Geräusche. Es gibt kein Manuskript. Das Feature ist entstanden durch die Komposition der Aufnahmen nach Kriterien akustischer Akzentuierung, zeitlicher Abfolge im Laufe der Nacht unter Berücksichtigung von Redundanzen wie z.B. einem Schnarchen.

Der Begriff der Komposition leitet sich ab von dem lateinischen componere und bedeutet zusammenstellen. Eine Konzeption, so könnte man definieren, ist ein Entwurf im Hinblick auf eine werkbezogene Zusammenstellung. Das ist ganz allgemein eine Formel, die deutlich werden lässt, dass das Feature als Darstellungsform ohne kompositorische Ausführungen angelegt werden kann, insoweit die Ausführungen durch die berücksichtigten Dokumente vorgegeben sind. Das Feature ist ein mehr oder minder didaktischer Entwurf, dessen Charakter durch die Beschaffenheit der Versatzstücke bestimmt wird. Nicht dass Spielfilme oder Hörspiele jeweils als lehrreich und unter bestimmten Lernzielen betrachtet werden können, sie sind jedoch so gut wie nie unter einer derartigen Prämisse entwickelt. Die ideologische Zurichtung von frei inszenierten Produktionen ist daher zumeist mit quasidokumentarischem Anspruch und einem überfrachteten Realitätssinn verbunden.

Die dokumentarische Verbindlichkeit beim Feature erzwingt größere Verantwortung gegenüber den kompositorischen Teilen. Der Rahmen zwischen fiktionalem und nichtfiktionalem Erzählen wird durchbrochen. Mit dem Anspruch auf Realität verändert sich kompositorisches Erzählen. Wo Hörspiel, Kinofilm und Fernsehspiel in ihren Erzählungen Geschichten entwickeln als mögliche Geschichten, also so, wie sie sich tatsächlich ereignen könnten, fügt das Feature Gewissheiten aneinander, von denen aus sich eine mögliche Geschichte rekonstruieren lässt. Die Geschichte, die das Feature erzählt, ist der Konzeption bereits als Möglichkeit vorgegeben. Die Komposition erfolgt mit der Realisation bzw. dem »Zusammenschreiben« einer Vorstellung von Vorgegebenem. Die frei inszenierten und erzählten Geschichten sind hingegen immer erst durch das Drehbuch oder Sendemanuskript kompositorisch ausgearbeitet.

Im Übergang von der Konzeption zur Komposition formuliert das Feature eine Schnittstelle. Seine einführende, aus- und zusammenstellende Funktion verlangt zwar eine feste Komposition, nicht aber einen übergreifenden epischen Erzählzusammenhang. Erzählt wird — wenn überhaupt — rhapsodisch. Die Bruchstücke erscheinen meistenteils als in sich geschlossene dramaturgische Einheiten, die sowohl für sich wie auch mit Wechselwirkung auf die anderen Teile berichten. Diese Form des Erzählens bindet sich zurück an die gängige Form des fragmentarischen anekdotischen Kommunizierens.

Wenn davon auszugehen ist, dass Geschichten immer erst nachträglich erzählt werden können und jede Geschichte, die aufgeschrieben wird, unweigerlich eine Trennung von dem bedeutet, was geschehen ist, dann gewinnt die Komposition für diesen Vorgang erzählerischer Vergegenwärtigung ihre schlüssigste Definition. Mehr als jede Konzeption zeigt sie sich von narrativen Komplexen aus bestimmt. Sie bildet sich aus der Zusammenführung dieser Komplexe unter Berücksichtigung bestimmter Motive, zeitlicher Verläufe, Formen, Farben und Stimmungen. Dadurch bekommt die Geschichte ihre eigene Wirklichkeit. Sie ist Produkt einer speziellen Auseinandersetzung mit dem Geschehen. Erlebnismomente werden neu, d.h. kompositorisch arrangiert. Erinnerung, die zunächst als eine Ansammlung von Momenten der Vergegenwärtigung auftritt, oder allenthalben als konzeptionelle Reihung von Stichpunkten, wird aufgeladen. Das verknüpfende oder beschreibende Erinnern wird nach bestimmbaren Relevanzmomenten synthetisiert. Diese Synthesisleistung ist zugleich ein ästhetischer und ein psychologischer Vorgang. Sie verweist auf den Selbstbezug des Menschen, der sich erinnert, und sie verweist auf die möglichst angemessene oder der Natur der Sache gerecht werdende Nachbildung. Ein Mensch vergegenwärtigt sich Zusammenhänge gemäß der für ihn charakteristischen Sichtweise und seiner Fähigkeit zum ästhetischen Nachvollzug. Die Sichtweise eines Erzählenden, seine Selektionen, bestimmen die Zusammensetzung des Geschehens: die Komposition. Ihr Ausdruck ist die Kohärenz, die kunstvoll-kompositorische und nachvollziehbare Wiedergabe einer Geschichte als einer in sich zusammenhängenden Erzählung dessen, was geschehen ist.

Wie ein solches kunstvoll-kompositorisches Erzählgebilde entsteht, darüber berichtet Tarkowski zu verschiedenen Drehbuchvarianten seines Films »Der Spiegel«. Der Film, der zunächst »Ein weißer, weißer Tag« hieß, ging auf eine, so Tarkowski, »von elegischer Trauer und nostalgischer Kindheitssehnsucht durchzogene Filmerinnerung« zurück. Aber eben diese Momente reichten nicht aus zur Vervollständigung eines künstlerisch-kompositorischen Ganzen. Das »banale Niveau lediglich lyrischer Reminiszenzen« war zu überschreiten. Eine neue Drehbuchvariante soll von »authentischen Interview-Passagen« mit der Mutter durchsetzt werden. Tarkowski will zwei unterschiedliche Ebenen subjektiver Vergegenwärtigung von vergangenen Erlebnissen miteinander verbinden. Diese Idee bewirkt eine deutliche Veränderung der Komposition. Zwei einander nahestehende Menschen aus verschiedenen Generationen spiegeln auf ihre ihnen eigene Sichtweise die Geschehnisse. Doch auch diese Komposition gefällt Tarkowski noch nicht. Sie erscheint ihm zu direkt, zu grob, zu gewollt. Er ersetzt die für das Drehbuch vorgesehenen Interviews durch Spielszenen. Die Verbindung dokumentarischer und fiktiver Elemente scheint ihm eine »rein formale, spekulative und ideologisch wirkende Kombination«. Beide Elemente schienen von auseinanderfallenden Materialkonzeptionen bestimmt, von verschiedenen Zeiten mit ganz unterschiedlichem Spannungsdruck. (Tarkowski, 145f.)

Bezogen auf die Drehbuchgestaltung wird hier das Verhältnis von Konzeption und Komposition überdeutlich. Die Konzeption eigener Erinnerungen und die Konzeption der Erinnerungen der Mutter lassen sich für den Autor nicht zufriedenstellend zusammenführen. Beide Konzeptionen drängen auf ihre ihnen eigene jeweilige Ästhetik. Es entsteht ein kompositorischer Riss, den der Autor für sein Filmdrehbuch nicht intendiert. Das heißt nicht, dass eine entsprechende Konstellation fiktiven und dokumentarischen Materials kompositorisch unmöglich wäre. Sie entspräche hier nur einer Komposition, die nicht auf Konvergenz, sondern auf Divergenz der Elemente angelegt wäre und dies mit einem für die Rezipienten leicht nachvollziehbaren grobschlächtigen, formalistischen Effekt.

Komposition ist eine praktische Durchführung einer Konzeption. Was passieren soll, was gesagt oder ausgesagt werden soll, wird konkretisiert zu einer bestimmten Handlung oder einem speziellen Arrangement. Bei der Komposition geht es darum, wie eine Konzeption realisiert wird. Die Komposition ist charakterlich ausgefeilter als ein thematischer oder Handlungsentwurf. In der Konzeption wird das Geschehen bestimmt, in der Komposition wird es hergerichtet, seine spezifische Bestimmung wird zu einem speziellen Ausdruck gebracht. Der Weg von der Konzeption zur Komposition entspricht der künstlerischen Ausgestaltung eines Entwurfs (Gedankenskizze, Exposé, Treatment) zum fertigen Drehbuch oder Sendemanuskript.

2.6 Präsentation

Wer ein Drehbuch abgibt oder ein Hörspiel oder Feature geschrieben und produziert hat, stellt nicht nur etwas vor, sondern bietet sich darin auch selbst dar. Im Filmbereich prägt der Regisseur das fertige Produkt noch wesentlich mit, aber gerade deshalb ist es besonders wichtig, dass ein Drehbuchautor das, was aus seinem Buch gemacht wurde, auch mittragen mag. Es werden erzählerische Techniken angewendet, die denjenigen, die ein Manuskript oder Drehbuch weiter verarbeiten, und den Rezipienten das verständlich machen, was gemeint wurde, was also der Autor oder die Autorin beim Schreiben im Sinn hatte. Die Präsentation einer Geschichte ist demnach abhängig von dem Wissen um ihre Sinnhaftigkeit, um die sie prägende Aussage. Informationen, die gegeben werden, sind für diese Grundaussage der Geschichte von Belang. Was gesagt wird, steht unter der Prämisse der Geschichte. Und zwar in der Weise, dass Informationen auseinander folgen und aufeinander aufbauen, um am Ende einen kompositorischen Gesamteindruck zu hinterlassen. Dramaturgische Möglichkeiten liegen hier in der Verteilung, Wiederholung und Kombination von Informationen mit verschiedenen medientechnischen Mitteln.

Zu Beginn eines Films oder einer geschriebenen Hörfunksendung müssen Rezipienten ohne Vorwissen Informationen einordnen können. Sie werden »abgeholt«, d.h. von ihrer privaten Welt in die eines Films oder einer Sendung mitgenommen. Vertraute Alltagszusammenhänge, dargestellte Gefühle, das klare Ersichtlichmachen einer Ausnahmesituation, Dekorationen und Geräusche, die den Rahmen der kommenden Handlung vorstellen, sind dramaturgische Mittel, die in eine fremde Geschichte einführen. Besonderes Gewicht bei der Gestaltung des Einstiegs hat das Achten auf das Empfinden derjenigen, an die die Geschichte adressiert ist. Können sie sich in Ort, Zeit und Stimmung hineinversetzen? Wird ihnen ermöglicht, sich in Protagonisten einzufinden? Das ist bei der Vorstellung auftretender Personen ein entscheidendes Kriterium, denn erst, wenn Zuhörer oder Zuschauer mit den handelnden Personen empfinden können, werden sie mit deren Handlungen mitgehen können. Deshalb stellen sich Autoren selbst oft zunächst die Frage, wie sie mit ihren Protagonisten empfinden, ehe sie im Einstieg verifizieren, wie sie ihre Einfühlung ausdrücken und damit an die Rezipienten weitergeben. Bei Features wird überlegt, welcher Ort, welches Geschehen oder welcher Originalton so auf das Thema bzw. den Inhalt hinweist, dass Rezipienten eine Einordnung vornehmen können. Eine solche Passage wird an den Anfang gestellt.

Es schafft Dramatik, wenn Informationen gegeben werden, die antizipatorische Mutmaßungen in Gang setzen. Dadurch, dass Informationen unvollständig bleiben oder in ihrer Verteilung undurchsichtig, wird die Erwartungshaltung gegenüber der Geschichte gesteigert. Gleichzeitig beschreiben sich nach und nach zusammensetzende Informationen die Entwicklung und Komplettierung der Handlung. Einzelne Informationen laufen während des Geschehens zu Informationsketten zusammen. Was sich konträr gegenübersteht, wird immer deutlicher. Informationsketten verzahnen sich oder gehen ineinander auf. Es entstehen Polarisierungen. Eine Lösung wird erforderlich. So vorbereitet, wird es an Schlusspunkten von Erzählsequenzen oder dem Finale möglich, stark gesteigerte Szenen einzusetzen, die selbst erstaunlichste Wendungen glaubhaft machen.

Wie Informationen verabreicht oder auf die handelnden Figuren verteilt werden und was Rezipienten wissen, bestimmt den Charakter der Geschichte und die Art der Antizipationen. In vielen Fällen stellen sich Figuren, Zuhörer oder Zuschauer die gleichen Fragen, sie wissen genauso viel oder wenig. Eine Identifikation kann so über das gleichzeitige Mitdenken mit den Figuren erfolgen. Verschleiern Figuren ihre Ziele, kommt es also vor, dass einzelne Figuren mehr wissen als andere Mitwirkende und Rezipienten, entsteht eine Spannung im Hinblick auf die Enthüllung ihrer Motive. Wissen Rezipienten mehr als eine oder mehrere Figuren, erhält die Geschichte meist komödiantischen Charakter, Erwartungen der Rezipienten sind darauf gerichtet, in welche unannehmliche oder peinliche oder belustigende Situationen die betreffende Figur gerät. Dieses dramaturgische Mittel findet besonders auch in Slapsticks Anwendung. Antizipiert werden spaßige

Begebenheiten oder Wendungen. Eine Informationsverteilung, bei der das Publikum mehr weiß als Akteure, kann aber z.B. auch bewirken, dass Rezipienten Figuren in Gefahren sehen, in denen sie selbst sich nicht wähnen. Sie ist besonders bei Features ein Mittel, Kritik zu äußern an dargebotenen Auffassungen. Wenn jemand nicht weiß, dass er durch eine andere Aussage bereits widerlegt wurde, werden die ideologischen Hintergründe seiner Position bloßgelegt. Die Informationsverteilung ist ein dramaturgisches Mittel, um Rezipienten in das Geschehen einzubinden.

Um Erzähltes herauszuheben, Akzente zu setzen, werden Informationen z.B. so platziert, dass sich unmittelbar aufeinanderfolgende Gegensätze ergeben. Wendungen und inhaltliche Schwerpunkte bekommen enthüllenden Charakter. In Features werden deshalb Meinungen gern so aneinandergereiht, dass Gegensätze aufeinanderprallen.

In einer Szene in Alfred Hitchcocks »Die Vögel« rudert eine Frau in einem Boot über einen See, ein Vogel ist in der Ferne zu sehen. Das Bild drückt Ruhe und Frieden aus. Auf einmal greift der Vogel, eine gewöhnliche Möwe, an und verletzt die Frau. Diese Attacke wirkt um so ungeheuerlicher, je friedlicher die Stimmung vorher war. Das vorherige ruhige Bild nun hinterlässt im Nachhinein einen noch idyllischeren Eindruck, je stärker der nachfolgende, unerwartete Kontrast war.

Ebenfalls einen verstärkten Eindruck rufen Geschehnisse dann hervor, wenn sie durch zwei medientechnische Mittel gleichzeitig erzählt werden. Eine der bekanntesten Einstellungen in Fritz Langs Film »M — Eine Stadt sucht einen Mörder« ist die folgende: Von unten wird ein leerer Treppenaufgang eines Mietshauses gezeigt. Von oben hört man die gellende Stimme einer Frau einen Mädchennamen schreien. Der Ruf verhallt ungehört im Treppenhaus. Wäre einfach nur die schreiende Frau gefilmt worden, wären ihre Angst und die Vergeblichkeit des Rufes längst nicht so deutlich geworden. Das Beängstigende der Szene wird nicht nur akustisch in dem Schrei wiedergegeben, der die verzweifelte Rufende ohnehin bildlich assoziieren lässt. Darüber hinaus wird das Bedrohliche der Situation durch das leere, schlecht beleuchtete Treppenhaus, in dem sich kein Leben regt, visualisiert.

Besondere Bedeutung erhalten Informationen, wenn sie wiederholt werden. Bei Filmen und Rundfunksendungen gibt es keine Denkpausen. Deshalb ist Redundanz ein wichtiges dramaturgisches Mittel. Schon in Märchen, ursprünglich weitererzählt, nicht gelesen, wiederholen sich wichtige Informationen mehrmals. Damit dies nicht langweilig wird, geschieht es in der technisch vermittelten Kommunikation mit unterschiedlichen medialen Ausdrucksmitteln, durch Wort, Bild, Geräusch oder auch Musik.

Eine grundlegende dramaturgische Frage bei der Präsentation eines Geschehens ist die Taktik der Informationsverteilung. Das Und-dann-und-dann einer unausgeformten Kindererzählung oder eines Berichts wird durchbrochen durch eine künstliche Anordnung der Informationen. Sie hat zum Ziel, mehr als das bloße Was-geschieht zu benennen. Zurückgehaltene oder im Voraus gegebene Informationen, Wiederholungen oder kontrastierte Kompositionen stellen Hintergründe und Absichten heraus. Es gibt genretypische Arten der Informationsverteilung. Mit der Art der Informationsverteilung binden Autoren Rezipienten an ihr Anliegen. Die Präsentation gibt daher Aufschluss über Einstellungen und ideologische Prägungen von Autoren.

3. Dramaturgische Persönlichkeiten

3.1 Person und Persönlichkeit

Spielfilm, Feature oder Hörspiel leben von darin auftretenden Personen, und diese leben durch das, was sie darstellen, durch Szenen, in denen sie auftreten, Fenster ihrer Biografie, die aufgetan werden.

Unter der Regie von Clarence Brown wurde 1947 in den Vereinigten Staaten der Film »Clara Schumanns große Liebe« gedreht. Der Film verbindet ähnlich wie der Film »Amadeus« von Milos Forman frei verbundene Anekdoten mit realhistorisch belegbaren Fakten. Dies wird bereits im Vorspann des Films angekündigt. Dort heißt es:

> »Dieser Film über Clara und Robert Schumann, über Johannes Brahms und Franz Liszt enthält einige Freiheiten im Detail und in der Chronologie. Ihre Lebensgeschichte wird ohne Zweifel immer ein leuchtendes Kapitel in der Geschichte der Musik bleiben.«

Der Film versteht sich als Hommage an die genannten Künstler. Die »Freiheiten im Detail« illustrieren gewissermaßen das Gerüst der Fakten. Sie wirken in vielen Teilen derart überzogen komisch und auch typisch für das Hollywood-Kino, dass sie in Hinsicht auf die dokumentarische Genauigkeit kaum ernst genommen werden können. Völlig unabhängig von historischer Authentizität will der Film unterhalten. Als Spielfilm spielt er mit den Fakten. Anhand einer solchen in Unterhaltungssequenzen verwandelten Dokumentation stellt sich die Frage nach dem biografischen Interesse. Herkömmlich liegt das biografische Interesse vor unter dem Aspekt der Menschenkenntnis, unter der ganz allgemein die Wahrnehmung der Person unter Gesichtspunkten ihrer Persönlichkeit zu verstehen ist.

Persönlichkeit kann auf doppelte Weise verstanden werden. Zum einen im Sinne von Individualität, dann ist jeder Mensch eine Persönlichkeit, oder zum anderen bezogen auf den besonderen Fall, etwa den außergewöhnlich in sich gefestigten Charakter oder die bedeutende Person im öffentlichen Leben. Jeder Mensch hat seine eigene Persönlichkeit, nicht nur die, die als Persönlichkeiten gelten, weil ihre Persönlichkeit sich durch ein Amt, eine auffällige Fähigkeit oder charakterliche Prägnanz öffentlich herausstellt. In der Form, mit den Dingen umzugehen, erweist sich nicht nur die Individualität eines Menschen, sondern, in Verbindung mit gesellschaftlichen Werten und Moden auch seine Persönlichkeit.

Für Features werden Personen oft wegen ihrer beruflichen Funktion und damit verbundenem Wissen ausgewählt. Hier das individuelle Engagement, die persönliche Weise der Beschäftigung mit den Inhalten zu beobachten, ist neben dem Sachlichen eine wichtige Aufgabe des Vorgesprächs. Es geht darum, die Person auch emotional am Gespräch zu beteiligen. Begeisterung oder Skepsis in Stimmodulation oder Gestik einzufangen, stellt neben das Fachliche das Persönliche und lässt die Person lebendiger und eigentümlicher erscheinen. Das Gegenteil davon ist eine uniforme Erscheinungsweise, die z.B. angestrebt wird, wenn der Bundeskanzler bei seiner Neujahrsansprache in einen pseudoprivaten Raum gesetzt wird. Dieser ist so neutral wie möglich ausgestattet. Ein paar gebundene Bücher im Hintergrund, ein Fenster, ein Blumengesteck, helles, klassisches Mobiliar. Auf diese Weise kann niemand an der Umgebung des Kanzlers etwas Persönliches finden, das ihm nicht gefällt. Nichts erregt Anstoß, der Kanzler passt in jedes Wohnzimmer. Universell einsetzbaren Figuren fehlt das Besondere, worauf Auge und Ohr aufmerksam werden. Dem Bundeskanzler, von dessen Persönlichkeit sich jeder in unzähligen engagierteren politischen Auftritten ein Bild gemacht hat, schadet das nichts, im Gegenteil, die, die ihn als Persönlichkeit ablehnen, bekommen bei diesem Auftritt äußerlich kein neues Futter und werden vielleicht eher versöhnlich zuhören. Wenn es aber darum geht, Profile zu zeigen, was Aufgabe des Features ist, ist es unumgänglich, personelle Merkmale herauszufinden und zu vermitteln. Die Rolle, die jemand spielt, ist bei einer indifferenten Erscheinung eher unbedeutend.

Für eine fiktive Handlung erdachte Figuren weisen Auffälligkeiten auf, die ihre Individualität eindrücklich machen. Die Figuren werden in der Vorarbeit zum Drehbuch oder Sendemanuskript personifiziert, also vermenschlicht. Aus der Summe ihrer Charaktereigenschaften ergibt sich eine Persönlichkeit. In manchen dramaturgischen Handbüchern, wie z.B. in »Die Odyssee des Drehbuchschreibens« von Christopher Vogler werden dramaturgische Typen klassifiziert und entsprechenden Funktionen zugeordnet. Vogler bemüht die Archetypenlehre C.G. Jungs, um dramaturgische Figurtypen zu beschreiben und sie in ein Handlungsschema zu bringen. Diese Archetypen werden als Garantie dafür gewertet, den auftretenden Figuren »die Facetten einer komplexen Persönlichkeit« (Vogler, 51) zu verleihen. In esoterischer Manier ist Vogler bestrebt, sechs Persönlichkeitsgerüste in eine höhere Ordnung mit geregelten Handlungsstrukturen zu bringen. Das mag zwar zunächst praktisch erscheinen, und zweifelsohne lassen sich die Typen individuell ausgestalten. Wenn aber die Figuren von vornherein eine Funktion haben, dann sind sie ideologisch eingeschränkt, ehe sie überhaupt im Kopf des Autors Gestalt annehmen können. Die Ideen von Figuren werden belehrt, ehe sie entwickelt werden. Welche Einschränkungen damit verbunden sind, zeigt die literarische Entwicklung alter Figuren. Früher wurden greisen Protagonisten recht schematisch Rollen zugewiesen. Die Figuren erfüllten Funktionen, geradezu klassisch ist der weise Alte, der dem Helden der Geschichte mit Rat zur Seite steht. Andere Typen sind die alte Hexe oder die verrückte Alte. Damit werden Teilaspekte einer Persönlichkeit beschrieben, die für die kleinen Rollen, die Alte meistens in Geschichten spielten, sie zu Katalysatoren einengten. In den letzten Jahren treten Alte durch ihre Wirtschaftskraft und bessere Gesundheit zunehmend öffentlich als Individuen auf, die Ansprüche an ein vielfältig gestaltetes Leben stellen. Auf einmal häufen sich auch die Bücher mit alten Helden, in denen Persönlichkeitsbilder gezeichnet werden, die sich nicht mehr in alte Klischees pressen lassen. Da wird Abgeklärtheit mit teenagerhaftem Verhalten kombiniert, Alte erscheinen nicht mehr verschämt in ihren angestammten Domänen Krankheit, Leid und Tod. Sie erhalten Gelegenheit in allen Bereichen menschlichen Lebens aufzutreten, und es werden ihnen auch entsprechende Gefühle und Handlungsspielräume zugestanden. So entstehen Figuren mit reichem Aktionspotenzial, bei denen man nicht vom ersten Kennenlernen an weiß, wie ihre Rolle ausfallen wird. Persönlichkeiten unterscheiden sich von Personen dadurch, dass sie eigen sind, mehrdimensionale Ausprägungen in ihrem Auftreten deutlich machen, die in ihrem Charakter und ihrer Geschichte begründet sind. Deswegen empfielt es sich, die Geschichte einer Figur, ihre Biografie zu beleuchten, ehe sie auftritt.

Im Gegensatz zu beliebigen Personen sind Persönlichkeiten markant, Autoren und Dramaturgen erkennen oder erarbeiten das Persönliche der auftretenden Menschen. Es ist das, was die Charakterzüge und die Bezüge der Person zum Geschehen und zu anderen Personen ganz eigen bestimmt und über das Übliche hinaus ausgeprägt ist. Durch das zu Tage treten der Persönlichkeit entstehen Konflikte oder Reibungen mit anderen Personen. Die Eigentümlichkeit eines Menschen kennzeichnet den Umgang mit Situationen, in die er gestellt wird. Autoren setzen Situationen und Persönlichkeiten in ein Verhältnis, das sie gegenseitig hervorhebt oder auch herausfordert.

3.2 Biografie

Hin und wieder äußern Schriftsteller in Interviews, dass während des Schreibprozesses ihre Figuren beginnen, eine Art Eigenleben zu entwickeln und damit ihre Schöpfer überraschen. Die Figuren funktionieren von selbst bis hin zur Eigenwilligkeit. Der Grund dafür liegt darin, dass sie im Zuge des Schreibprozesses eine Lebensgeschichte erhalten und durchlaufen haben, die Kommendes prägt und vorherbestimmt. Das kann, bei ungenügend vorgedachten Figuren, zu dem Autor missliebigen Persönlichkeiten führen, die sein Anliegen nicht mehr so recht vertreten. Kennt ein Autor seine Figuren nicht gut genug, kann es zu Überraschungen kommen. Deshalb ist es ratsam, zumindest die Hauptfiguren vor dem Schreibprozess kennen zu lernen.

Figuren werden angelegt, die als dramaturgische Persönlichkeiten taugen. Sie müssen eine Handlung tragen können oder eine Stimmung auslösen, sie müssen Gefühle transportieren können, Identifikationsmöglichkeiten bieten. Dramaturgische Persönlichkeiten sind Figuren, die ein Geschehen verkörpern. Ihr Lebenslauf weist für Inhalt und Aussage des Geschehens wesentliche Züge auf. Es ist nützlich, vorab einen biografischen Entwurf zumindest der Hauptgestalten eines geplanten Films oder Hörspiels zu entwickeln, um zu prüfen, ob angedachte Figuren für das, was inhaltlich sich entwickeln soll, passen werden.

Ein Film oder Hörspiel stellt nur ein mehr oder weniger umfangreiches Stück Lebensgeschichte der Protagonisten dar. Dafür benötigt jede Figur Eigenschaften, die charakteristisch sind für die Art, wie sie bei eingeschaltetem Rotlicht handeln, sich präsentieren, Schwierigkeiten begegnen wird. Das Leben einer Figur vor dem Einsatz der erzählten Geschichte lässt sich im Hinblick auf ihre Motive, ihre Entwicklung und ihre Fähigkeit, Entscheidungen zu treffen, erarbeiten und beschreiben. Der soziologische Kontext und die psychologische Verfassung, speziell, warum jemand etwas tut, dienen dazu, eine abgerundete Persönlichkeit mit Tiefenschärfe zu skizzieren. Selbst für ein Hörspiel kann es von Vorteil sein, sich physiologische Merkmale zu überlegen. Ob jemand behäbig ist oder quirlig, wird seiner Sprache anzumerken sein. Eine weitere Möglichkeit, seine Figuren zu dramaturgischen Persönlichkeiten zu gestalten, besteht darin, ihnen Fragen zu stellen, wie sie mit Brüchen oder Unannehmlichkeiten in ihrer Biografie umgehen. Dabei lässt sich die die Figur am meisten beherrschende Leidenschaft herausfinden bzw. überprüfen. Ein solches Fragen übt darüber hinaus in charaktergemäße Äußerungen der Figur ein.

Während des Schreibens eines Drehbuches oder Sendemanuskriptes lassen sich Handlungen, Handlungsweisen, jedwede Ausdrücke persönlichen Verhaltens im Hinblick auf eine Schlüssigkeit der Figur in sich an der Biografie überprüfen. Eine Rückversicherung, ob die Figur wirklich so handeln würde, wie es gerade geplant ist, ob sie wirklich so wirken würde wie inhaltlich beabsichtigt, schützt einerseits vor unliebsamen Überraschungen mit einem außer Kontrolle geratenden Eigenleben. Andererseits weist Stimmigkeit zwischen Biografie und Darstellung der Figur im Geschehen darauf hin, dass eine für Rezipienten gut erfassbare Gestalt mit nachvollziehbarem Handeln erschaffen wurde.

Eine fiktive Figur wird in ihren Eigenschaften außergewöhnlicher oder ausgeprägter sein als ein lebendiger Mensch. Denn sie muss in kurzer Zeit möglichst viel Wichtiges oder Maßgebliches über sich offenbaren, um als vielschichtige Persönlichkeit wirken zu können. Letzteres gilt auch für Menschen, die in dokumentarischen Arbeiten oder Features auftreten. Eine dramaturgisch eingesetzte Person in einem Feature wird herausragende persönliche Eigenschaften aufweisen. Es reicht nicht aus, zum Thema A irgendjemanden aus der Perspektive B auszuwählen. Es lohnt sich, neben inhaltlicher Qualifikation auch deren besondere lebensgeschichtliche Prägung ausfindig zu machen. Dazu dienen Recherche und Vorgespräch. Ein Interviewpartner wird viel lebendiger agieren und unter Umständen leichter verstanden werden, wenn er in seinem individuellen Verhältnis und Verhalten zum Thema angesprochen wird.

Bei der Produktion von Fernsehserien ist die Biografie der Protagonisten, die mitunter über Jahre »leben«, im Hinblick auf den inhaltlichen Fortgang ein bestimmendes Kriterium. Handeln Figuren nicht mehr so, wie es zu ihnen passt, entstehen in ihrer Entwicklung nicht nachvollziehbare Brüche. Ihr Identifikationspotenzial verliert sich, oder sie werden so befremdlich, dass sich Rezipienten distanzieren und die Einschaltquoten möglicherweise sinken. Andererseits muss eine Biografie auch vereinbar mit weitreichenden Entwicklungen sein, damit die Figur ein für viele Folgen ausreichend breites Handlungsspektrum und vielseitige Veränderungsmöglichkeiten hat, so dass für Rezipienten ihr Auftreten nicht vollends vorhersagbar wird. Serienfiguren wie Agenten oder Ärzte sind außerdem besonders gefährdet, Stereotypen zu werden, solche, die nur allzu bekannt erscheinen. Von ihnen ist nur dann Neues zu erwarten, wenn sie ein ausgeprägtes individuelles Profil aufweisen. Eine der erfolgreichen Detektivinnen in der Kriminalroman- und -filmgeschichte war sicherlich Miss Marple, Agatha Christies Serienheldin. Miss Marple bestach natürlich durch ihr kriminalistisches Gespür, aber bekannter und beliebt geworden ist ihr persönliches Profil, das ihre biografische Prägung hergibt: Oberschicht, gebildet, altjüngferlich. Unschuldige graue Löckchen kontrastieren mit einem wachen Blick, eitle Geziertheit im Umgang mit Amtspersonen steht neben bescheidenem Understatement in der Gesellschaft, geruhsames Stricken im Sessel paart sich mit durchsetzungsfähiger Beweglichkeit bei der Aufklärung eines Mordfalles.

Boulevardpresse, Werbung sowie Film- und Fernsehproduzenten machen sich mehr oder weniger unabhängig voneinander zunutze, dass eine gelungene und ersichtliche Biografie einer dramaturgischen Persönlichkeit sich als Identifikationsträger vermarkten lässt. Die tatsächliche Biografie eines Serien- oder Sportstars wird mit der Biografie der medialen Auftritte vermischt, indem die Person beispielsweise mit ihrem Medienimage behaftet Produkte bewirbt oder in Klatschgeschichten wahre Begebenheiten ihres Privatlebens auf Zusammenhänge ihres Bildes in den Medien zurückgeführt und aus ihnen heraus gedeutet werden. Die Serienfigur oder der Sportstar werden so zu Gestalten mit einer vermischten, legendären Biografie. Diese Verschmelzung kann bis zu einer Corporate Identity führen, die Privatleben und Medienpräsenz steuert. Das Identifikationspotenzial im Hinblick auf die Medienpräsenz ist durch die Verschmelzung von realer und dramaturgischer Persönlichkeit gestiegen, der Marktwert des Stars für seinen medialen Einsatz ebenfalls (solange diese Verschmelzung haltbar ist).

Eine Biografie zu haben, macht eine dramaturgische Persönlichkeit interessant. Biografische Auswirkungen auf das dramaturgische Geschehen können leichter sichtbar werden, wenn die Biografie medienspezifisch formuliert oder durchdacht wird. Es geht also, wenn eine Biografie vorgedacht oder ausfindig gemacht wird, weniger um ein Psychogramm, sondern um das Vordenken von medienspezifisch ausdrückbaren Erscheinungsbildern der Figur in ihrer Geschichte. Medienspezifisch ausdrückbare Erscheinungsbilder sind z.B. Aussehen, Sprache, Klang der Stimme, hör- oder sichtbare Manieren, Requisiten, Orte des Auftretens, aus dem Verhalten ersichtliche Gewohnheiten und Angewohnheiten und vieles dergleichen.

Eine dramaturgische Persönlichkeit ist eine, deren lebensgeschichtliche Prägung sich für ihre mediale Positionierung in einer Handlung oder einem Thema eignet. Dramaturgische Persönlichkeiten gehen auf bedeutsame Teile realer Biografien zurück oder werden an eine vorstellbare reale Biografie angelehnt erdacht. Die wichtigen biografischen Züge einer auftretenden

Person führen Autoren sich vor Augen, zweckmäßigerweise in Überlegungen, die auf eine mediengerechte Präsentation hinauslaufen.

3.3 Kunstfiguren

Beim Schreiben einer Biografie, ob es der eigene tabellarische Lebenslauf ist oder die Skizze einer fiktiven Figur, werden Fakten oder Begebenheiten nicht in ihrer Gesamtheit geschildert, sondern ausgewählt. Der Mensch als Prozess seiner Handlungen oder Daseinsweisen wird biografisch in den wesentlichen Handlungszusammenhängen und Lebenszäsuren vorgestellt. Die bedeutenden bzw. für einen bestimmten inhaltlichen Hintergrund bedeutsamen Phasen seines Lebens werden zusammengestellt. Das bewirkt eine Reduktion der jeweiligen Biografie auf biografische Momente. Die dramaturgische Persönlichkeit ist Kunstfigur. Ihr Leben wird in künstlerisch sequenzierter Zeit erzählt. Das gilt sowohl für tatsächliche Biografien als auch für Biografien fiktiver Charaktere.

Liegen Vorüberlegungen zur fiktiven Person oder Recherche über eine reale Person vor, wird im Schreibprozess ein künstlich geschaffenes Ich seinem realen oder fiktiven Vorbild angemessen. Featureautoren oder Biografen passiert es manchmal, dass eine von ihnen dargestellte oder zitierte Person äußert, sie erkenne sich gar nicht wieder. Dies kann sein, weil Selbstbild und Fremdbild stark voneinander abweichen, aber auch, weil sich ein Autor mit einem vorausgedachten inhaltlichen oder ideologischen Hintergrund den Blick auf die Person verstellt. In diesem Fall ist ihr das Resultat nicht angemessen.

Mit einer das Geschehen verkörpernden Kunstfigur entsteht für die Rezipienten in jedem Fall eine Identifikationsvorlage. Gemessen jedoch an ihrem erdachten wie gelebten Vorbild erscheint sie notwendig fragmentiert und reduziert. Das Menschenbild, die individuelle Lebensschilderung, wird vereinfacht, auf wenige biografische Stationen beschränkt. Diese Beschränkung allerdings ist charakteristisch für einen bequemen Zugang zur Identifikation mit dem biografisch inszenierten Subjekt. Je komplexer und in seinen ganzen Widersprüchen das Leben einer einzelnen Person vorgeführt wird, desto geringer ist sein Identifikationswert, desto weniger tritt es als Wertpersönlichkeit reklamierendes Idol in Erscheinung. Die allzu komplexe biografische Darstellung bedeutet einen Spannungsabfall, wie er vielleicht im Vergleich zwischen dokumentarischem Porträt und Spielfilm zu beobachten ist.

Stilisierung oder Idealisierung der Person ist eine dramaturgische Absicht. Die Person wird aufgrund der biografischen Reduktion, der Fokussierung auf ausgewählte Züge fast immer überzeichnet. Zu beobachten ist der dramaturgische Reiz, der von gezielt individualtypischen oder gestörten Personen ausgeht. Sie ergänzen das Normalverhalten der Rezipienten um die Nuance der in ihnen angelegten und abgewehrten Möglichkeiten. Einfacher ausgedrückt, Kunstfiguren reagieren fast immer auf der Spitze ihrer Eigenschaften. Ob sie boshaft sind oder verzweifelt oder fade, sie sind es deutlicher, erkennbarer als Menschen, denen man real begegnet und nicht nur in besonders offenbarenden Ausschnitten ihres Lebens. Bei fiktiven Figuren kann man diese Ausschnitte erfinden, bei Gesprächspartnern für Features muss man sie suchen. Dies ist, wie auch das Erkunden ihrer lebensgeschichtlichen Prägung, Aufgabe des Vorgesprächs oder der Recherche. Nicht nur das individuelle Verhältnis zum Thema ist dabei wichtig, sondern im Zusammenhang damit auch das den betreffenden Menschen zu einer engagierten Stellungnahme antreibende Moment.

In dem Feature »Nurans Tod« spürt Margot Overath einer jungen türkischen Frau nach, die durch Erhängen ums Leben kam. Es geht weniger um die Geschichte, die hinter ihrem Tod steckt, von dem nicht mit Gewissheit gesagt werden kann, dass es Selbstmord war. Im Vordergrund steht das Nachempfinden Nurans Persönlichkeit, ihrer Empfindungen, ihres Charakters, ihrer Ängste und Qualen, ihrer inneren Konflikte und ihrer Entschlüsse. Nuran, ein junges Mädchen aus türkischer Familie, war in Deutschland aufgewachsen. Sie hatte sich mit einem in der Türkei lebenden jungen Mann die Ehe versprochen. Ihre Eltern billigten ihre Wahl nicht. Sie stritten auch mit Nuran über deren westeuropäische Lebensvorstellungen, der Vater schlug sie und hat sie vielleicht sogar vergewaltigt. Margot Overath hat mit Familienmitgliedern, Freunden, Kollegen und einer Nachbarin über Nuran gesprochen. Aus deren Aussagen entsteht ein Porträt der jungen Frau. Die Sicht derjenigen, die Nuran kannten, ist die Sicht auf eine gewaltsam zu Tode gekommene junge Frau. Die für das Ende Nurans bedeutsamen Lebenszusammenhänge und -momente werden zusammengetragen, und zwar vorrangig mit Aussagen, die Nuran selbst beschreiben. Die tatsächliche Nuran wird unter diesem Gesichtspunkt reduziert zu der Kunstfigur Nuran. Wer und was Nuran in den Tod getrieben hat, wird erst am Ende des Features in einer knappen kriminalistischen Zusammenstellung von Indizien nahegelegt. Es ist nicht von zentraler Bedeutung, wirkt wie ein Anhang. Entscheidend sind die Annäherungen an das Innenleben der jungen Frau, die Begegnungen mit ihr, die durch Erzählungen der Menschen, die sie kannten, vorgestellt werden. Die Autorin hat nicht die Form eines Berichtes gewählt, der über die inhaltliche Ebene der Zerrissenheit zwischen radikal-islamischer Kultur und westeuropäischem Leben oder dem jahrelangen Sieg der Scham über die Möglichkeit der Anklage väterlicher Gewalt eine kulturelle Aussage trifft. Sie ist den Weg der biografischen Vergegenwärtigung gegangen, den sie rezipierbar macht, indem sie ihre eigenen Annäherungsschritte an Nuran als Erzählerin im Feature nachvollzieht und nachvollziehen lässt. Durch die Reduktion auf eine Kunstfigur wird Rezipienten eine Deutung der getöteten Nuran ermöglicht und gleichzeitig die gesellschaftlich relevante Aussage des Features mitgegeben.

Der Charakter von Kunstfiguren wird in kürzester Zeit entfaltet und verdeutlicht. Das schafft im Grunde eine besondere psychologische Situation. Das dramaturgische Individuum wird in seinen Handlungen von ausgeprägten Triebansprüchen und gesellschaftlichen Normen und Anpassungsforderungen bestimmt — und zwar immer so, dass es sich wie ein besonderer Fall eines besonderen Individuums verhält. Das dramaturgische Subjekt wird von seinem biografischen Konstrukt aus konzipiert, von dem ihm zugeschriebenen Wesen. Das der Figur zugeschriebene Wesen kann als ihr Deutungsmuster verstanden werden. Das Deutungsmuster reduziert die Person auf die in ihrer Persönlichkeit vorhandenen Schwerkräfte. So schreibt der russische Psychologe Alexej Nikolajewitsch Leontjev über den Helden der Dostojewski-Erzählung »Die weißen Nächte«:

> »...wir haben es gleichsam mit zwei Persönlichkeiten zu tun: mit einem gedemütigten, schüchternen Menschen, einem Sonderling, der sich in seine Höhle verkrochen hat, und mit einer romantischen, ja sogar heroischen Persönlichkeit, die allen Freuden des Lebens aufgeschlossen gegenübersteht. Und dennoch ist dies das Leben ein und desselben Menschen; deshalb kommt unvermeidlich der Moment, in dem die Träume verfliegen, in dem es auf der Welt kalt wird, und die Jahre des Alleinseins, der Trauer und Trostlosigkeit beginnen.« (Leontjew, 101)

In diesen kontrastierten Schwerkräften, die die Persönlichkeit des Protagonisten ausmachen, ist bereits die Handlung bzw. der Hauptkonflikt der Erzählung angelegt. Kunstfiguren sind insoweit artifiziell, als dass sie für die Darstellung von Inhalten oder Handlungen zugerichtet, oder, bei realen Personen, erkundet werden. Inwieweit dies der Gesamtpersönlichkeit von Menschen gerecht wird, beispielsweise beim Erarbeiten eines Features, liegt in der Verantwortung der Autoren. Sie überprüfen, ob sie Gesprächspartner für ihr Sachanliegen oder die Herstellung von Konflikten oder Kontrasten funktionalisieren.

Kunstfiguren sind auf dem Anliegen der Autoren dienliche lebensgeschichtliche Ausschitte reduziert. Sie werden so angelegt, dass auf sie zurückgehende reale Personen, die sie repräsentieren, nicht verfremdet werden bzw. fiktive Figuren nicht lebensunecht wirken. Raum und Zeit des Auftretens von Kunstfiguren sind gegenüber realistischem menschlichen Auftreten eingeengt bzw. verkürzt. Um trotzdem menschliche Vielfalt und Entwicklung darzustellen, sind Kunstfiguren an realistischen Maßstäben gemessen idealisiert, meistens stilisiert und überzeichnet. Sie entfalten sich durch charakterlich besonders ausgeprägte und gezielt auf das durch sie mitgestaltete Geschehen bezogene Verhaltensweisen bzw. Äußerungen.

3.4 Empathie

Kunstfiguren sind häufig weniger künstlich, als es den Anschein hat. Sie speisen sich nicht nur aus der Zielgerichtetheit auf einen Inhalt hin, selbst wenn die inhaltliche Aussage primäres und originäres Anliegen des Autors ist. Fiktive Figuren oder dargestellte Profile von lebenden Menschen bilden sich auch aus dem Hintergrund der individuellen Einfühlung des Autors heraus. Sein persönlicher Hintergrund, seine Umgehensweise mit gesellschaftlichen Einflüssen, seine eigene Biografie bestimmen Art und Ausdrucksweise seines Gespürs für Menschen, seine Einstellung, seine Möglichkeit, sich in andere einzufühlen, also seine Form der Empathie. Die Empathie bei der Entwicklung einer dramaturgischen Persönlichkeit ist der Modus ihrer personalen Vergegenwärtigung.

Die Entwicklung einer Kunstfigur nach einem Menschen und die damit verbundene Intention des Geschehens lässt sich anhand Georg Büchners »Woyzeck« nachvollziehen. Der Namensgeber der Hauptfigur war fünfzehn Jahre vor der Niederschrift des Schauspiels zu tragischer Berühmtheit gelangt. Am 3. Juni 1821 ermordete der 41-jährige Johann Christian Woyzeck seine Geliebte, die ihn wiederholt betrogen hatte. Woyzeck hatte als Kind bereits seine Eltern verloren, Perückenmacher gelernt, und da der Beruf niederging, schlug er sich zeit seines Lebens mit Gelegenheitsarbeiten durch, war Soldat für verschiedene Mächte, nach seiner endgültigen Entlassung war er oft obdachlos und blieb bis zu seiner Hinrichtung bettelarm. Nachdem ihm die Heirat mit einer Frau versagt blieb, die ein Kind von ihm hatte, und seine wirtschaftlichen Verhältnisse auch weiterhin keine Aussicht boten, eine

Familie zu ernähren, wurde er zehn Jahre vor seiner Hinrichtung zunehmend depressiv. Er selbst gab in den gerichtlichen Vernehmungen an, dass er seitdem »tiefsinnig« geworden sei, einen Selbstmord versucht habe, davon geängstigt worden sei, sein Herz »werde mit einer Nadel berührt«, seine Gedanken seien ihm häufig »vergangen«, er höre Stimmen, es habe »um ihn geschrien«. (Büchner, 1987, 320) Der Gerichtspsychologe erklärte ihn jedoch als zurechnungsfähig, das Todesurteil wurde verhängt.

Büchners Vater Ernst hatte einmal im gleichen Regiment gedient wie Woyzeck und war später Medizinalbeamter. Georg Büchner wurde Arzt und äußerte sich auf politisch-publizistischer Ebene gegen die verheerenden Zustände der Massenarmut. In seinem Fragment »Woyzeck« tauchen Zitate der Gerichts- und gerichtsmedizinischen Akten über den Mordfall auf. Trotzdem ist das Stück keine nachempfundene Biografie eines Mörders. Es schlägt noch eine Tatsache zu Buche, die aus einer anderen Richtung kommt. Büchner hatte in Gießen zu der Zeit studiert, als Justus Liebig dort an Soldaten ernährungsphysiologische Versuche durchführte. In Büchners Stück ist Woyzeck Stadtsoldat und verkauft seine Gesundheit an einen Arzt, der ihn drei Monate nichts als Erbsen essen läßt. Woyzeck finanziert damit sowie mit Gelegenheitsdiensten und seinem kargen Sold seine Geliebte und ein gemeinsames Kind. Im Stück ist weniger die Verelendung und Auszehrung durch Armut verantwortlich für Woyzecks psychologischen Niedergang, sondern vielmehr der Menschenversuch. Der Doktor ist eine wesentlich perfidere Gestalt als Büchners Kommandant, der in seiner Naivität das Unverständnis der Reichen und ihre Gleichgültigkeit gegenüber der Armut verrät. Die psychische Zerrüttung Woyzecks, die ihn dazu treibt, seine Geliebte aus Eifersucht umzubringen, wird explizit auf die Folgen des ärztlichen Versuchs zurückgeführt, dem sich Woyzeck aufgrund seines Geldmangels unterzieht. Büchners persönliche Situation zur Entstehungszeit seines »Woyzeck« ist gekennzeichnet durch einen sehr geringen Verdienst als Dozent und Schriftsteller, er stirbt nicht lange nach der Niederschrift 23-jährig an der Arme-Leute-Krankheit Typhus.

Die Gestaltung von Büchners »Woyzeck« lässt sich ableiten aus dem Empfinden des Autors, vermutlich einer Mischung aus seiner Kritik an Liebigs Menschenversuchen, seinem Engagement für die Armen sowie seiner persönlichen Situation. Das Fragment »Woyzeck« scheint kein rechtes Ende zu haben, der Mörder geht ins Wasser, will die Mordwaffe versenken, geht aber immer tiefer und schreit dabei grauenhaft. Im Gegensatz dazu findet der reale Mörder ein politisch eindeutiges Ende, geistige Zerrüttung durch Armut und Auszehrung werden nicht strafmindernd anerkannt, der

Mörder wird hingerichtet. Man kann wohl sagen, dass die Gewichtung in Büchners Empathie auf menschenverachtendem Handeln liegt (personifiziert in der Gestalt des Arztes, hintergründig durch die gesellschaftlichen Missstände evoziert), das die Zerstörung eines Individuums zur Folge hat. So zusammengefasst ergibt sich für die Empathie eine Formulierung, die als Prämisse für das Fragment »Woyzeck« gelten kann. Dies mag zeigen, in welch hohem Grad das Empfinden, ausgedrückt in der Leidenschaft für Personen oder personifizierte Zustände, für Inhalt und Dramaturgie einer Geschichte maßgeblich ist.

Die eigene Lebensgeschichte prägt das Relevanzempfinden. Auffälligkeiten werden oft gerade dort entdeckt, wo man etwas kennt. Der Autor und Regisseur Woody Allen siedelt seit Jahrzehnten seine Komödien in der New-Yorker Gesellschaft an, in der er zu Hause ist. Seine Figuren sind komödiantisch gezeichnet, repräsentieren in ihrem Grund jedoch Spezialitäten großstädtischer Lebensauffassungen und -weisen. Es wäre unvorstellbar, dass Allen irgendwo in Europa auf dem Land leben würde. Empathie ergibt sich aus eigener Lebenserfahrung, aus dem eigenen Umgang mit Menschen. Wie Autoren mit sich selbst und anderen umgehen, spiegelt sich in der Einfühlung in ihre Figuren wider. Zur Wirkung gelangende Empathie führt zur Betonung der Menschlichkeit von Personen. Vergegenwärtigen sich Autoren Personen oder Figuren von ihrem Gefühl her und machen diese Gefühle in ihrer Darstellungsweise transparent, z.B. durch ihr Engagement für Züge der Figur, erhalten Rezipienten die Möglichkeit, mit den dargestellten Personen warm zu werden. Probleme tauchen dann auf, wenn die Lebenswirklichkeit beispielsweise eines Featureautors sich gravierend von der Lebenswirklichkeit einer darzustellenden realen Person unterscheidet. Wenn er sie gefühlsmäßig missversteht und ihrer Lebenswirklichkeit nicht gerecht wird, wird er unter Umständen ein schwer nachvollziehbares Zerrbild herstellen. Insofern ist es Autoren nützlich, herauszufinden, was den Modus ihrer personalen Vergegenwärtigung bestimmt.

3.5 Charakter

Der Begriff Charakter kommt aus dem Griechischen und bedeutet übersetzt Gepräge, Abdruck und auch Eigenart, Eigentümlichkeit. Ein Charakter ist nicht etwas, was ein Mensch von Geburt an hat, sondern etwas, das er sich erwirbt. Das Erleben, was ein Individuum prägt, was sich in seinen Zügen ausdrückt, ist es, was den Charakter bestimmt und beschreibt. Der

Charakter ist ein Abbild der tonangebenden Einflüsse auf einen Menschen und gleichzeitig seiner damit verbundenen eingeübten Handlungsweisen. Seine Einstellung steht im dialektischen Verhältnis zum Geschehen durch und mit ihm. Der Charakter bildet sich mit der Lebenserfahrung eines Menschen heran. Seine Eigenart kristallisiert sich heraus. Der kindliche Charakter ist zwar ein anderer, weniger stark gefestigter, aber durchaus bestimmbarer, als der ausgereifte Charakter eines Erwachsenen. Deshalb ist der Begriff »Charakterrolle« für nicht mehr ganz junge, komplexe und widersprüchliche Figuren in gewisser Weise verräterisch. Der Einsatz von Charakterschauspielern zeigt in zweierlei Hinsicht eine mangelhafte dramaturgische Arbeit auf. Einmal von Autoren und Dramaturgen, die nicht genug Sorgfalt aufwenden, auch stereotyp wiederkehrende Figuren wie jugendliche Liebhaber oder den in manchen Geschichten obligatorischen »Bösen« individuell genug auszugestalten, um einen unaustauschbaren Charakter zu entwickeln, hinter dem das Rollenklischee zurücktritt, oder die sich hinter dem Aktionspotenzial junger Figuren verstecken. Aber auch Regisseure und Schauspieler machen sich mitunter nicht die Mühe, grob skizzierte Charaktere fein und eigen auszudrücken und dabei mit den Autoren zusammenzuarbeiten.

Geschichte bzw. Inhalt und Wesen derer, die das Geschehen bestimmen, durchdringen einander wechselseitig. Sie bedingen sich. Die Geschichte ereignet sich gerichtet nach den Charakteren. Ein Charakter lässt sich ebenso durch die Geschichte ausdrücken und beschreiben. Dies zeigt, dass verschiedene dramaturgische Herangehensweisen an ein Geschehen möglich sind. Nämlich von der Geschichte her kommend oder von den Hauptfiguren ausgehend. Hat die Arbeit begonnen, vermischen sich Geschichte und Charaktere, in den meisten Fällen Handlung und Handelnde, zur dramaturgischen Gestalt.

Wird eine Figur ausgearbeitet oder unter dramaturgischem Blickwinkel betrachtet, wird versucht, den Charakter in seiner relevanten Merkmalbildung vorzuführen. Den gestalteten Charakter kennzeichnet eine Auswahl von Vorfällen und Episoden aus dem biografischen Ganzen. Sie führt Rezipienten durch die Handlung. Im Film »Die Reifeprüfung« von Mike Nichols verkörpert der noch blutjunge Dustin Hoffman einen Collegeabsolventen aus gutsituiertem und -betuchtem Hause. Ein spießiges Milieu der Gutbürgerlichkeit der 60er Jahre, die Bereitschaft zur Verlogenheit aus Langeweile, der Bruch mit der elterlichen Auffassung von Ehe und Lebensplanung bei gleichzeitiger profitabler Beteiligung an der Doppelmoral der Elterngeneration, endlich die Flucht in eine romantische Liebe sind Stationen, in denen sich der Charakter des Protagonisten abbildet. Der Titel »Die Reifeprüfung«

weist auf die Herausbildung einer Persönlichkeit hin, auf die Entwicklung und Festigung des Charakters eines Schülers zur Reife eines jungen Mannes. Das Drehbuch verzeichnet im ersten Drittel des Films viele Szenen, in denen die fest zementierte bürgerliche Vorstellungswelt der Elterngeneration den Collegeabsolventen trifft, der zunächst nur äußern kann, dass er »beunruhigt« ist über seine Zukunft und möchte, »dass sie anders wird«, wie, darüber ist er sich nicht im Klaren. An seinem 21. Geburtstag soll er als Partyeinlage Kunststücke im Pool vollführen. Die Eltern haben das Programm arrangiert und führen ihren Sohn vor. Wie ferngesteuert tappt er in einer Tauchermontur in den Pool, unter der Maske und den Anfeuerungen seiner Eltern keuchend, die durch die Perspektive seiner Taucherbrille fratzenhafte Gesichter haben (hören kann er kaum etwas, er sieht nur die verzerrten Münder), und die scheinbar sinnlos mit den Armen fuchteln. Er steigt in den Pool und bleibt auf dem Grund liegen wie ein Toter. Diese Erstarrung kennzeichnet seinen Charakter, der geprägt ist von der Erziehung zum Gehorsam und dem Ausblick auf eine Zukunft, die er nicht selbst in Gang gebracht hat. Die Frau des Kompagnons seines Vaters macht ihm sexuelle Avancen. Auf ihr Verlangen hin marschiert er völlig steif mit unbewegtem Gesicht und unkoordiniertem Armschlenkern gehorsam zu einem Hotelportier, um einen Zimmerschlüssel zu besorgen. Er erlernt die Machtspielchen der Langeweile seiner Elterngeneration und verabscheut sich dafür gleichzeitig. Er führt die Tochter der Frau, mit der er schläft, nicht, wie verabredet, in ein Restaurant, sondern in ein Stripperlokal. Er gibt sich weltmännisch und verdorben, nur die Eckigkeit seines Fahrstils und Knappheit seiner Sprache verraten seine Unsicherheit. Im Lokal ist das Mädchen so schockiert, dass sie in Tränen ausbricht. Ihr Gefühlsausbruch macht es möglich, dass er zu sich findet. Er nimmt seine dunkle Brille ab, beginnt zu bereuen, zu fühlen, sich zu verlieben. Dieser Moment antizipiert das Wachstum seines Charakters. Seine Handlungsweise wird zunehmend von eigenen Ideen getragen. Seine Bewegungen werden fließender, der Blick verliert seine Starre.

Handlungsweisen drücken Haltungen aus. Bei der Gestaltung eines Charakters stellt sich für die Dramaturgie die Frage, welche Handlungsweise eine angestrebte Haltung reklamiert. Für die Einschätzung eines Menschen, der dargestellt werden soll, wird umgekehrt seine Handlungsweise beobachtet werden, um seine Haltung zu ergründen. In beiden Fällen geht es um die Suche nach bedeutsamen und aussagekräftigen biografischen Szenen, die geeignet sind, aus sich heraus einen Charakter zu erklären und zu reproduzieren. Das reproduzierte Subjekt ist damit zugleich auch ein reduziertes.

Eine Figur taugt nicht nur für sich selbst als dramaturgische Persönlichkeit, sondern ihr Wesen entfaltet sich im Zusammenspiel mit anderen. Im Kapitel »Präsentation« ist als Mittel der Heraushebung von Erzähltem das Aufeinanderprallen gegensätzlicher Informationen erwähnt. Ähnlich verhält es sich mit unterschiedlichen — biografisch geprägten — Figuren. Sie lassen einander dann herausragen oder bringen ihre Charaktere gegenseitig hervor, wenn sie andersartig sind. Dabei geht es weniger um Gegensätzlichkeit, sondern darum, dass Figuren, die miteinander zu tun haben, in ihren Eigenschaften kontrastiert sind. Der Kontrast betont ihre Verschiedenheit und lässt damit ihre jeweilige Eigenheit hervortreten. Durch vielfältig unterschiedliche Biografien der auftretenden Personen ergeben sich individuell verschiedene Herangehensweisen an das Geschehen sowie differenzierte Ausdrucksweisen. Diese durch mehrere Personen gewonnene Differenziertheit mindert die Gefahr, dass die einzelnen, notwendig reduzierten Personen, nicht lebensecht erscheinen. Ein so entstehendes Konglomerat von Charakteren wirkt insgesamt lebensnah und erhöht die Akzeptanzbereitschaft der Rezipienten im Hinblick auf das Geschehen.

Charaktere entwickeln sich durch die Lebenserfahrung der Menschen. Sie bestimmen gleichzeitig die Lebensgestaltung mit. Charaktere dramaturgischer Subjekte und das, was geschieht, wirken in einem Hörspiel, Feature oder Spielfilm aufeinander und bilden die dramaturgische Gestalt. Die auftretenden Personen untereinander und das Geschehen beeinflussen sich. Bei der Gestaltung dieses Interferenzverhältnisses geht es darum, dass die einzelnen Kräfte (Personen, inhaltliches Anliegen) einander hervorheben, um zu einer prägnanten Präsentation zu gelangen. Das lässt sich erreichen durch in sich gebrochene Charaktere, kontrastierende Eigenschaften der auftretenden Personen, verschiedene Herangehensweisen an Geschehen oder Inhalte, Ausdrucksweisen, die sich aneinander reiben, unterschiedliche Herkunft (z.B. familiär, sozial, beruflich) sowie ein Thema oder eine Geschichte, in der sich die dargestellten Personen durch ihre charakterliche Beschaffenheit engagieren und miteinander in Konflikt geraten bzw. Meinungen äußern, die ein abwechslungsreiches Bild ergeben.

3.6 Fiktionalisierung

Ob eine erdachte Figur auftritt oder ein Mensch in Erscheinung, bei einem Gegenüber entsteht ein Eindruck. Dieser Eindruck ist individuell und unterschiedlich. Wird jemand einer Gruppe vorgestellt, werden voneinander abweichende Vorstellungen entstehen, Fiktionen der eingeführten Person. Insofern wird jede Person, die audiovisuell oder auditiv vorgestellt wird, zu einer fiktionalisierten Gestalt, auch wenn sie ein real existierender Interviewpartner in einem Feature ist. Ihre Fiktionalität bestimmt die Rückbesinnung des Rezipienten auf Erfahrungen an sich selbst oder mit anderen. Aus einer Person entstehen bei x Rezipienten x Annahmen der Person.

Inwieweit diese fiktionalisierten Personen auseinandergehen und von der Vorstellung des Autors oder Dramaturgen abweichen, ist eine Frage ihrer Reproduktion; nämlich der Reproduktion bei den Rezipienten, die unter divergenten persönlichen Voraussetzungen stattfindet, als auch der gestalteten Reproduktion der Vorstellungen des Autors oder Dramaturgen. Scheiden sich die Geister an einer Person, heißt das, dass ihre Fiktionalisierungen bis ins Gegensätzliche auseinanderdriften. Es gibt keinen gemeinsamen Nenner. Dies kann an stark divergierenden Prägungen und Auffassungen der Rezipienten liegen, deren Deutung ganz unterschiedlichen Urteilskriterien unterliegt. In vielen Fällen dürfte hinzukommen, dass die betreffende Person nichts eindeutig zu benennendes Eigentliches darstellt. Das Eigentliche einer Figur ist als das sie Bestimmende zu sehen, das Relevante ihrer Persönlichkeit drückt sich darin aus. Das einer Figur Eigentliche kann durchaus etwas in sich Gegensätzliches sein, wie z.B. bei Euripides' Medea, die sowohl Mörderin als auch Opfer, eine tragische Figur ist. Diese Gegensätze sind jedoch im Charakter der Figur vereint und in den Umständen der Handlung notwendig begründet. Das Eigentliche der Figur ergibt sich aus der dialektischen Beziehung zwischen ihrem Wesentlichen und den Umständen, die es hervorbringen. Das Eigentliche ist ein biografischer Faktor einer dramaturgischen Persönlichkeit. Es wird auf jeweils eigene Weise verkörpert. Unterschiedliche Inszenierungen eines Theaterstücks bzw. einer Rolle mögen als Beispiel für das Verhältnis zwischen Eigentlichem und Eigenem dienen. Das Eigentliche der Rolle, der dramaturgischen Persönlichkeit, bleibt gleich bei doch sehr unterschiedlicher eigener Ausprägung der Figur durch Dramaturgen, Regisseure und Darsteller. Das Eigene entsteht durch die individuelle und subjektive Sicht und Wesensart der Präsentatoren einer Person. Insofern lässt sich sagen, dass das Problem der Fiktionalisierung sich aus der Form der Reproduktion des Eigenen wie des Eigentlichen ergibt.

Kai Buchholz gibt in seinem Hörspiel »Es ist eine herrliche Sonne hier und ein schlechter Mensch. Wittgenstein in Norwegen« eine Vorstellung vom Charakter Ludwig Wittgensteins. Der Philosoph gilt gemeinhin als Exzentriker. Kai Buchholz lässt seine Hörer hinter dieses Pauschalurteil blicken. Er montierte Ausschnitte aus Tagebuchaufzeichnungen und Briefen Wittgensteins und seiner Weggefährten sowie aus Wittgensteins philosophischem Werk zur Darstellung eines Persönlichkeitsprofils. Dabei wählte er Quellen aus, die Wittgenstein dort zeigen, wo er am liebsten war, nämlich in einer einsamen Gegend Norwegens. Ein Freund beschreibt in seinem Tagebuch Wittgensteins Launen und seine Nervosität, der Philosoph selbst berichtet von seinen Depressionen. In einer Tagebuchaufzeichnung Wittgensteins bekommt ein eigentlich unbedeutendes Missverständnis verhältnismäßig viel Gewicht. Die Frau, bei der er in Norwegen seine Milch holte, hatte ihn immer freundlich, und dann auf einmal eher kühl behandelt. Wittgenstein hatte darüber nachgegrübelt, und eines Tages stellte er sie zur Rede:

> »Sie sagte nämlich, ich habe ihr mit dem Stock gedroht. Ich trage immer einen Gehstock, und es ist meine Gewohnheit, wenn ich jemand sehr gern habe und auf gutem Fuß mit ihm stehe, im Spaß, gleichsam, wie man jemand auf den Rücken klopft, mit der Faust oder dem Stock zu drohen. Es ist eine Art der Liebkosung. Das mußte sie natürlich wissen, denn es geschah ja nur, wenn wir beide lachten und freundlich waren. Dennoch könnte ich verstehen, daß sie es einmal oder öfters übelnahm — aber nicht daß sie darum ihr Benehmen gegen mich änderte und lieber kalt und fremd war, als etwas zu sagen. Natürlich ist es möglich, daß ich ihre Freundschaft, ich meine: ihre Zuneigung zu mir überschätzt habe. In gewissem Sinne: schrecklich, wenn es so war, wenn ich so wenig Gefühl dafür habe, daß ich mich so irren kann. Und doch kann ich, wenigstens unmittelbar, nichts dafür. Habe ich ein falsches Gefühl, so habe ich es. — Ich schrieb ihr am nächsten Tag einen Brief, in welchem ich ihr die Lage noch einmal erklärte und ihr Benehmen gegen mich tadelte. Ich erhielt keine Antwort.« (Buchholz, 24f.)

Diese Passage gibt Aufschluss über Wittgensteins innere Verfassung. Sie zeigt ihn vordergründig als rechthaberisch und darüber hinaus als jemanden, der so wenig Abstand von sich selbst hat, dass er überhaupt nicht verstehen kann, dass er misszuverstehen ist. Seine »Art der Liebkosung« ist zweifelsohne merkwürdig, wenn nicht sogar (psychologisch) beängstigender, als er selbst je vermutet hat. Dass sich sein Gegenüber durch ihn angegriffen glaubt, greift ihn selbst an, was er wiederum damit beantwortet, dass er die Frau ins Unrecht setzt, weil er es nicht ertragen kann, dass er sie gekränkt hat. Diese Bestimmung der Person Wittgenstein ist zwar komplex. Sie dokumentiert jedoch eine folgerichtige Fiktionalisierung, die logisch nachvollzogen werden kann und in ihrer Tiefe über das Klischee des Exzentrikers weit hinausreicht. Sie zeigt Wittgenstein als sehr sensibel. Damit verbunden tritt eine argwöhnische Haltung hervor, die aus einer autistische Züge tragenden Selbstbezogenheit resultiert. Die Passage ist zudem eine in einer Geschehensform gelieferte Personenbeschreibung, die die Vorstellung anregt und in diesem Falle die Fiktionalisierung der Person aufseiten der Rezipienten.

Frei empfundene biografische Verläufe dienen im Allgemeinen anderen Zwecken als der historischen Genauigkeit. So ist der biografische Fall einer dramaturgischen Persönlichkeit immer auch Kunstfigur seiner Vorlage, sei die Vorlage nun ein real existierender Mensch oder eine fiktive Figur. Die dargestellten Biografien von Protagonisten vermitteln eher ein kategoriales Verständnis der Personen und ihrer Persönlichkeit. Schon zeitproportional steht der dramaturgische Charakter in keinem angemessenen Verhältnis zur Lebenswirklichkeit realer oder erdachter Personen. Manche Lebenszusammenhänge werden ausführlicher, andere nur verkürzt beschrieben. Die biografische Vergegenwärtigung setzt dort Akzente, wo für das Geschehen relevante Lebensformen in Erscheinung treten. Biografisch unbedeutende Lebenszusammenhänge werden eher ausgeklammert. Die auf mediale Vermittlung zugeschnittene Personengestaltung lässt zudem immer nur bestimmte Aspekte eines Einzelwesens zu.

Die Eigenschaften einer Person werden in ihrer Gesamtheit gedeutet und so in das Eigentliche der Person überführt. Sie werden zum dramaturgischen Charakter zusammengefasst. Ein dramaturgisches Subjekt ist eine essenzielle Persönlichkeit. In den Vordergrund gerückt finden sich menschliche Existenzialien. Menschliche Gesamtverfassung spiegelt sich in den dramaturgisch ernst genommenen Passagen eines Menschenlebens. Gefährlich nahe rückt fast jede dramaturgische Person in den Status einer Schablone ihrer selbst. Fast immer wird der Charakter transformiert in eine Stellvertreterfunktion für individualmenschliches Erleben. Das ist sein Identifikationsangebot. Anders ausgedrückt, nicht mit dem Besonderen des dramaturgischen Subjekts, sondern mit dem im Besonderen wiedergefundenen Allgemeinen identifizieren sich die Rezipienten.

Eine Identifikation kann dann stattfinden, wenn das Eigentliche durch das Eigene der Person ausgedrückt wird. Je eindeutiger das Eigene auf das Eigentliche einer Person hinweist, desto einsichtiger ist ihr Charakter und desto klarer treten ihr Wesen und Sinn hervor. — Die Figur wird nicht nur aus verschiedenen Facetten bestehend empfunden, sondern ist als bestimmtes Individuum erlebbar. Eine Beliebigkeit bei der Fiktionalisierung wird vermieden, wenn Erscheinung und Charakter einer Figur sich in ihrer Eigentlichkeit gründen und in sie münden.

D.h., dramaturgisch werden Personen zur Persönlichkeit stilisiert. Sie werden zu einem Stilideal geformt. Sie werden — ob nun im Positiven oder Negativen — idealisiert. Die dramaturgische Persönlichkeit ist weiter nichts als ein fiktionalisierter, für einen Spezialfall idealisierter Mensch.

Die Fiktionalisierung von Personen ist ein Prozess, in dem sich Autoren und Rezipienten eine Person zu Eigen machen. Sie ergibt sich, basierend auf der eigenen Lebenswirklichkeit, aus einer Einschätzung des Eigenen wie des Eigentlichen und führt zu einer Einordnung der betrachteten Person in eigene Lebensanschauungen. Diese Einordnung kann zu einer Identifikation mit der Person führen, wenn ihr Auftreten folgerichtig und stringent mit der Geschichte oder dem Thema verbunden wurde, wenn sie in sich stimmig wirkt, d.h. durch ihr Auftreten ein nachvollziehbares Charakterbild vermittelt wurde. Ein nachvollziehbares Charakterbild ist ein sowohl reduziertes als auch idealisiertes. Der Prozess der Fiktionalisierung birgt in sich die Gefahr ideologischer Kurzschlüsse. Eigene Vorstellungen können den Blick auf das Eigentliche einer Person verstellen. Deshalb ist es wichtig, dargestellte Eigenheiten gedanklich sehr genau auf etwas Eigentliches zurückzuführen, das benennbar und existenziell ist.

3.7 Mitfühlen

Lernt man einen Menschen oder eine Figur kennen, werden ihre Eigenschaften transparent im Hinblick auf Eigentlichkeiten. Von diesen Eigentlichkeiten her unterbreiten sie ebenso Angebote der Identifikation wie der Ablehnung. Inwiefern diese Eigentlichkeiten ein Gegenüber treffen können, seine Aufmerksamkeit fesseln, entscheidet sich vor allem daran, ob es mit den Figuren fühlen kann. Es geht bei der Gestaltung dramaturgischer Subjekte darum, die Fähigkeit zur Sympathie oder Antipathie oder zu einem Gemisch aus beidem zu wecken, Zuneigung und Mitleiden sowie auch Abneigung und Widerwillen zu provozieren. Mitgefühl ist, ob positiv oder negativ besetzt, ein Gefühl der Verbundenheit.

Die Personen eines Hörspiels, eines Features oder Filmgeschehens werden nicht nur als Spielinstanzen betrachtet. Auch erdachte Gestalten zeigen sich weitgehend orientiert an Verhaltensmustern tatsächlicher Individuen. Sie sind reproduziert nicht nur in dem Sinn, dass sie auf biografische Personen zurückgehen können, sie sind es auch als Beispiel für menschliches

Verhalten, für menschliches Tun in einem speziellen Fall. Inwieweit dieser Fall mit dem Empfinden von Rezipienten verbunden wird, bestimmt den Grad ihres Mitgefühls.

Susanne Ofteringer hat in ihrer Dokumentation »Nico — Icon« Mitgefühl für die Sängerin von Velvet Underground direkt angesprochen, indem sie in ihrer Recherche vor allem an die so genannte oral history anknüpfte. Erzählte Erinnerung als gefühlsmäßig bestimmte Auswahl von biografischen Segmenten ist ein hauptsächlicher Bestandteil Ofteringers Dokumentation. Es wurden vor allem Leute befragt, die mit Nico zusammengearbeitet haben: ihre Tante, ihr Sohn, Musiker, die sie begleiteten, und frühere Freunde. Ihre Emotionen transportieren indirekt die Ausstrahlung der Sängerin. In Verbindung mit Fotografien, Filmausschnitten, in denen Nico zu sehen ist, und verschiedenen anderen Zeitdokumenten setzt sich mosaikartig das Bild von einer ungewöhnlichen und sehr exzentrischen Persönlichkeit zusammen. Das Feature vermittelt genügend widersprüchliches und analytisches Material, um eine weitere Beschäftigung mit dieser Frau und ihrer Zeit anzuregen. Nicht alle Fragen sollen beantwortet werden. Es bleibt Raum, sich selbst ein Bild zu machen, geweckte Assoziationen in eigene Gedankenarbeit umzusetzen, sie weiter gehend mit eigenen Sichtweisen und Emotionen zu verbinden. Durch die offenen Fragen wird es vermieden, eine exaltierte Künstlerin zu plakatieren. Vielmehr wird ein besonders zwiespältiges Bekenntnis ersichtlich zu einer selbstzerstörerischen Lebensform, eine Lebensform, die im Übrigen charakteristisch für weite Teile der Popkultur in den 60er-, 70er- und 80er-Jahren geworden ist. So porträtiert typisiert Nico ihre Zeit. Die Komplexität mittels Zeitzeugen, Zeitzeugnissen sowie individuell biografischen Ereignissen lässt ein lebhaftes Gesamtbild entstehen, das eine Projektionsfläche für vielerlei Anteilnahme bietet.

Der Prozess der psychologischen Ausdeutung einer Person innerhalb des inhaltlichen Rahmens des Geschehens ist ebenso wichtig, wie die Aufmerksamkeit, die Autoren ihren Figuren vorab entgegenbringen. Die Frage, warum jemand etwas tut und was es zu bedeuten hat, wird für Autoren und Dramaturgen in einer auf künftige Situationen der Figur hinweisende Form wichtig, nämlich wie Figuren sich verhalten, um etwas Bestimmtes auszudrücken. Fast jede Biografie, die fiktive wie die tatsächliche, geht daher diagnostisch vor. Das Einzelleben wird analysiert, indem es in Teilzusammenhänge zergliedert wird. Diese Zergliederung ergibt sich in der Regel durch Auswertung des biografischen Materials, dazu gehören (selbst bei der Gestaltung fiktiver Personen): Tagebücher, Briefe, Lebensläufe, Krankenberichte, Memoiren, Akten usw. als Teil der Auseinandersetzung mit dem biografischen Spezialfall. Die Ausdeutung des biografischen Materials ist ein Vorgang, der vor und während des Verfassens eines Manuskriptes oder Drehbuches stattfindet. Sie dient dazu, Einblicke in die jeweilige innere Verfassung der auftretenden Personen geben zu können, das Eigentümliche und Individuelle herauszuarbeiten. Die persönlichen Hintergründe werden im Hinblick auf Motive, Absichten und Ziele der Person gesichtet, die sich herausbildende Struktur ergibt die typische Handlungsweise des Individuums. Die persönlichen Hintergründe sind richtunggebend für das Schreiben von Dialogen und szenischen Anweisungen. Spiegeln sie sich in ihnen, werden Rezipienten auch auf emotionaler Ebene angesprochen. Biografisches Potenzial an innerer Problematik weckt Neugierde und Mitgefühl.

Thema vieler Gemälde des Amerikaners Edward Hopper ist die Ödnis menschlicher Beziehungen. Zwischen den Gestalten beispielsweise des Bildes »Zimmer in New York« (1932) herrscht eine emotionale Wüste. Er, die Ellenbogen auf den Knien abgestützt, blickt in seine Zeitung, sie sitzt in sich gekehrt am Klavier, gerade dabei, einen Ton anzuschlagen, in der Mitte steht ein Tisch. Die Sterilität zwischen dem Paar wirkt um so bedrückender durch ihr rotes, langes Kleid und ihre Haltung, die trotz der Trostlosigkeit anmutig ist. In welcher Hoffnung auch immer sie sich zurechtgemacht hat, das Bild sieht nicht so aus, als würde sie sich erfüllen. Der Affront, den die Stimmung des Bildes gegenüber ihrem Kleid und ihrer Anmut darstellt, löst Empörung aus. Die Frage nach dem Warum, nach einer Geschichte, die das Bild erklärt, entsteht aus der durch die Empörung hervorgerufenen Verbundenheit mit den Figuren. Das beginnende Mitfühlen entspricht einem Verlangen danach, dass eine erzählte Handlung die Handelnden deutet. Die Bereitschaft, mit einer Person durch ein Geschehen zu gehen, ist dann gegeben, wenn man mit ihr zu fühlen beginnt. Personen werden deswegen in Situationen eingeführt, die Emotionalität ansprechen. Dies ist für den Einstieg in eine Geschichte oder ein Thema besonders maßgeblich. Sachliche Konfrontationen erscheinen nach einer solchen Vorbereitung erklärlicher. Der in Gang gebrachte Prozess des Mitfühlens beinhaltet Deutungen, die eine enge Teilhabe am Geschehen ermöglichen.

Mitgefühl zu erregen bedeutet, durch das Tun oder die Äußerungen dramaturgischer Subjekte Empfindungen bei Rezipienten auszulösen. Empfindungen für Menschen entstehen, wenn ihre persönlichen Hintergründe deutlich werden. Autoren vergegenwärtigen sich die psychologische Verfassung von auftretenden Personen, sie analysieren, warum ihre dramaturgischen Persönlichkeiten etwas getan haben, tun oder tun werden und bestimmen ihre Individualität im Hinblick auf Motive, Absichten und Ziele.

Die Projektionsfläche für das Mitgefühl entsteht durch die Hervorhebung persönlicher Hintergründe dramaturgischer Subjekte in der räumlichen und zeitlichen Umgebung ihres Erscheinens. Mitgefühl ist die Voraussetzung für eine Beschäftigung mit Figuren und Anliegen der Autoren über die Ebene des vordergründigen Geschehens hinaus.

3.8 Wachstum

A trifft B nach zehn Jahren auf der Straße wieder, die beiden unterhalten sich, und nach fünf Minuten sagt A: »Du hast dich gar nicht verändert.« Ist B unkritischer Natur, denkt er jetzt etwa, ja, ich habe mich gut gehalten. Reflektiert er die Bemerkung, wird er sich fragen, ob A kein Gespür für Veränderungen hat, er selbst sich vielleicht einfach nur treu geblieben ist, oder aber, ob er sich gleich geblieben ist, d.h. sich in den letzten zehn Jahren nicht weiterentwickelt hat. Wäre B eine Kunstfigur, und die letzte Feststellung träfe zu, dann wäre es dringend geboten, B zu überarbeiten, denn das Interesse an einer Figur erlischt, wenn sie sich gleich bleibt, wenn sie genau das tut, was man von ihr erwartet, wenn sie einen nie in Erstaunen versetzt, hat man sie einmal kennengelernt.

Kunstfiguren entwickeln sich während und durch die Handlung der Geschichte, sie verändern sich. In einem Gespräch für ein Feature ist es Aufgabe der Gesprächsführung, den Partner zu engagieren, ihn immer weiter aus sich herauskommen zu lassen, was sich als dramatische Steigerung in der Mischung der Sendung niederschlägt. Fiktive Protagonisten wachsen nicht nur charakterlich, sondern oft auch von einem Persönlichkeitszustand oder einer Stimmung in eine ganz andere. Dies hält die Beschäftigung mit der Figur wach.

Wachstum ist ein stetiger Prozess. Er findet nicht in Sprüngen statt. Eine sich sprunghaft verändernde Figur entzieht sich der Nachvollziehbarkeit. Jede Veränderung muss sich ergründbar vollziehen, sonst wird die Figur den Rezipienten fremd und sie versagen ihr ihr Mitgefühl. Das bedeutet, dass eine Figur sich treu bleiben muss. Sie muss stringent sein, also sich aus zwingenden Kriterien heraus weiterentwickeln. Diese Kriterien sind einerseits ihre persönliche Disposition, mit der sie eingeführt wurde, sowie im Wechselverhältnis dazu die inhaltlichen Veränderungen, die sie treffen, und die sie auf ihre spezielle Art verarbeitet bzw. mitbestimmt.

Im Manuskript oder Drehbuch wird, um Stringenz zu erreichen, Wachstum antizipiert. Jede noch so erstaunliche Änderung einer Person wird vorab begründet, ohne natürlich die Überraschung zu verderben. Als Beispiel für antizipiertes Wachstum sei die Figur des Chris Baumeister aus dem 1986 von Hans. W. Geisendörfer gedrehten Film »Ediths Tagebuch« erwähnt. Seine Mutter Edith wird von ihrem Mann als häusliche Arbeitskraft ohne Anerkennung ausgebeutet, kommt mit ihrem pubertierenden Sohn nicht zurecht, der unter dem selbstherrlichen Vater leidet, der sich nicht für ihn interessiert. Die Rebellion des Sohnes richtet sich auf die nächstliegende Angriffsfläche, die Mutter. Edith aber hat sich in eine eigene heile Welt geflüchtet, in ihr Tagebuch, in dem sie sich die wirkliche Welt schönlügt. Der Sohn Chris greift zu drastischen Maßnahmen, um ihre Aufmerksamkeit zu erregen. Er steckt ihre geliebte Katze in einen Plastiksack. Die Mutter kann die Katze gerade noch retten, hat sich aber aus der Realität schon so weit verabschiedet, dass sie keine Möglichkeit findet, mit ihrem Sohn ein tiefer gehendes Gespräch über seine Verfassung anzuknüpfen. Etwas später entdeckt Chris, dass sein Vater die Mutter mit einer Kollegin betrügt, und verheimlicht es dem Vater nicht. Der gibt keine Rechenschaft ab. Beim Weihnachtsessen erscheint Chris nicht am Tisch. Doch auf einmal öffnet sich die Tür, er steht mit einem Gewehr im Rahmen und gibt ein paar Schüsse auf den Gänsebraten ab. Wut und Gewalt dieses Aktes erklären sich u.a. aus den beiden vorab beschriebenen Szenen, die diese Überraschung vorbereiten und glaubhaft machen. Die öffentlich (vor den Gästen) ausgeübte Gewalt ist eine aus dem Vorhergehenden nachvollziehbare Steigerung und wird gleichzeitig als Summe der vorbereitenden Szenen antizipiert — spätestens in dem Augenblick, in dem Chris mit dem Gewehr in der Tür steht, ist zu erwarten, dass dieser Mensch auch schießen wird. Chris verlässt den Raum, niemand hält es für nötig, ihm zu folgen. Dies antizipiert weitere Gewalt. Chris' Persönlichkeit wächst aber auch im positiven Sinn dadurch, dass er beginnt, gegen seinen Vater, der die Mutter in herabwürdigender Weise mit seiner Geliebten konfrontiert, Partei für die Mutter zu ergreifen. Der Vater führt seine Freundin unverfroren in den Haushalt ein, die Mutter hat er angewiesen, für die Begegnung den Kaffeetisch zu decken. Den direkten Angriff auf seinen Vater und dessen Geliebte legt Chris' Gewaltbereitschaft nahe, aber der Wachstumsschritt von der Gewalt gegen den Gänsebraten zu einer zielgerichteten Prügelszene mit dem Vater und der Herabsetzung der Geliebten wird sorgfältig vorbereitet. Und zwar durch eine offene Frage, die das Nachdenken der Rezipienten angeregt hat. Eines Tages lag die Katze wirklich getötet in der Wohnung. Der Sohn leugnet, sie umgebracht zu haben. Nach der Szene mit der Gans und vor allem der Entdeckung der Geliebten ist nicht klar, ob der Vater mittels des Mordes eine

Drohung an den Sohn geschickt hat, oder der Sohn noch einmal versucht hat, bei seinen Eltern Aufmerksamkeit zu erwecken. Der Vater lässt seine Geliebte sozusagen wie ein Zuckerbrot als Gastgeschenk ein neues Kätzchen präsentieren, und es ist dahingestellt, ob dies ein Teil seines Mordplanes gewesen sein könnte. Das Nachdenken über diese Frage kann sie nicht lösen, antizipiert aber den Konflikt zwischen Vater und Sohn, der dann ein entscheidender Faktor für das Wachstum des Sohnes ist. Chris übernimmt beginnend mit der Prügelszene am Kaffeetisch Verantwortung für seine Mutter. Diese Szene stellt einen Wendepunkt für Chris dar. Das menschenverachtende Verhalten seines Vaters wurde für ihn ebenso überdeutlich, wie die Tatsache, dass ein Kampf gegen den Vater sinnlos ist. Er wächst von nun an in die Rolle eines Menschen hinein, der nicht den Vater besiegen, sondern die Mutter schützen und aufbauen will.

Persönliches Wachstum ist eine stetige Veränderung. Sie geschieht im wirklichen Leben nur selten merklich von einem Moment auf den anderen. Bei Spielhandlungen wird in der Regel ein natürliches Empfinden von Wachstum angestrebt. Protagonisten durchlaufen in ein bis zwei Stunden eine komplexe Handlung, die ihnen schwerwiegende Entscheidungen abverlangt. Ihre Handlungsweise soll verständlich, also folgerichtig sein und dabei auch überraschend und erstaunlich. Um dies zu gewährleisten, werden Verhaltensänderungen in Szenen vorbereitet, in denen angestammtes Verhalten sich als problematisch erweist. Personen werden mit sich selbst in Konflikt gebracht. In der Zuspitzung solcher Konflikte zu einem Dilemma wird ein überraschendes Verhalten antizipiert. Tritt es ein, ist es gleichzeitig folgerichtig und erstaunlich. Wenn eine persönliche Veränderung sich nicht von inneren Brüchen her entwickelt, sondern beispielsweise schicksalhaftes Geschehen eine Figur nur durch äußerlich notwendige Verhaltenswechsel ändert, kann die Geschichte leicht ins Triviale gehen. Wenn Personen keine Gelegenheit erhalten, Tiefe zu zeigen, entsteht Seichtheit.

Innere Verwicklungen erzeugen Wachstum, und das bewirkt bei Rezipienten eine parteiliche Beschäftigung mit den dramaturgischen Subjekten. Es verbindet Rezipienten mit den Figuren, hält ihr Mitgefühl wach und bindet über die Figuren an die Handlung.

4. Inhalt und Geschehen

4.1 Erlebnismomente

Ein Erlebnis bedeutet in der Erinnerung, dass sich ein Ereignis zugetragen hat, das einen Eindruck hinterlassen hat. Was als Ereignis empfunden wird, ist von subjektiven Kriterien bestimmt. Das Erlebnis ist nicht bloße Erinnerung, sondern durch individuell geprägte Selektion entstandene Schwerpunktsetzung aus der Menge des Erinnerten. Wiedergegebene Geschichten werden zum Produkt dieser speziellen Auseinandersetzung mit dem Geschehen. Ihre eigene und von dem wirklichen Geschehen sich unterscheidende Wirklichkeit gründet sich auf das Arrangieren von Erlebnismomenten. Erinnerung, die zunächst als eine Ansammlung von Momenten der Vergegenwärtigung auftritt, wird durch sekundäre Erinnerungsvorgänge aufgeladen. Das verknüpfende oder beschreibende Erinnern wird synthetisiert. Diese Synthesisleistung verweist auf den Selbstbezug des Subjekts, das sich erinnert. Die Vergegenwärtigung vollzieht sich gemäß der für das Subjekt charakteristischen Sichtweise. Seine Sichtweise, seine Selektionen bestimmen das Geschehen. Die Erzählung dessen, was geschehen ist, ist in gewisser Weise vormontiert durch die psychische Disposition dessen, der erzählt. Die möglichst selbstkritische Realitätsüberprüfung der Autoren ist Teil der Erzeugung eines für die Rezipienten verständlichen Zugangs. In diesem Sinne sind vorrangig drei für das Erzählen wichtige Erinnerungsleistungen zu benennen: die assoziative, die diskursive und die deutende.

Das assoziative Verhältnis zu dem Geschehen, das sich durch ein »und dann — und dann« artikulieren ließe, wird durch zusätzliche Erörterungen bereichert. Es wird zu einem diskursiven Verhältnis in dem eigentlichen Sinn, dass die für wichtig erachteten Assoziationen in eine kompaktere Form überantwortet werden. Die gesetzten Schwerpunkte bestimmen ähnlich wie der Geschehensablauf den Aufbau des Geschehens.

Erinnert man sich z.B. an die Dinge, die man gestern zwischen 20 und 21 Uhr erlebt hat, dann werden allein für diesen Erinnerungsvorgang Schwerpunkte gesetzt, die mit der besonderen subjektiven Einstellung zu den Geschehnissen zu tun haben. Die Schwerpunkte, die gesetzt werden, entspringen sozusagen der individuellen inneren Dramaturgie. Diese ist noch nicht formal, dient aber im Zuge der Erinnerung der Formalisierung dessen, was passiert ist. Bemüht sich ein Autor um eine Geschichte, entwickelt er sie mit seiner inneren Dramaturgie. Der latente Erzählvorgang in seinem Kopf ist eine Interpretationsleistung, die die Voraussetzung für die im Drehbuch erzählte Geschichte bildet. Diese Interpretation umfasst eine inhaltliche Tiefendimension des zu Erzählenden. Sie kann auch als der sinnhafte Horizont der Geschichte aufgefasst werden, in welchem die Ereignisse verständlich werden.

Als Beispiel sei die Tiefendimension des Films »Blow up« von Michelangelo Antonioni angesprochen. Ein Starfotograf fotografiert in einem Park heimlich ein Liebespaar. Als er dabei von der Frau entdeckt wird, verlangt diese aufgeregt den Film. Der Fotograf gibt ihr einen anderen Film und entwickelt in seinem Atelier die tatsächlichen Fotografien. Bei der allmählichen Vergrößerung dieser Fotografien stößt er auf ein Mordgeschehen. Er fährt in den Park und entdeckt in den Büschen die von ihm fotografierte Leiche. Das Thema des Films ist der Akt der Vergrößerung an sich. Die Dramaturgie ist weitgehend bestimmt durch die nach und nach vergrößerten Bilder. Die mediale Realität der Fotografien wird dem Geschehen vorgeordnet. Das entspricht der konzeptionellen Gestaltung des Drehbuchs. Die Interpretation ist Voraussetzung der filmischen Realisierung. Die gesichteten Assoziationen werden zu einem Ganzen des Geschehens arrangiert. Die Geschichte entsteht auf der Basis der ausschnittweisen Abbildung des Geschehens. Die in den Geschichten wichtig werdenden Fundamente fiktionaler Repräsentation werden auf dem Wege analytischer Durcharbeitung, auf dem Wege des selektiven Erinnerns, des wichtig Werdens von Erlebnismomenten aus dem ungeformten Rohstoff herausgelöst.

Der Spielfilm dokumentiert hier gewissermaßen den Vorgang einer dem Geschehen vorgeordneten, es antizipierenden Interpretation. Zugleich liefert diese Interpretation substanzielle Hinweise auf die Filmidee. Der Protagonist zeigt sich, wenn auch vergeblich, um die adäquate Repräsentation des Geschehens bemüht. Dabei erliegt er, das ist eine der Aussagen des Films, der medialen Illusion bzw. der Ungewissheit des rekonstruktiven Ansatzes. Diese Ungewissheit der medialen Vergegenwärtigung kennzeichnet die innere Konfliktsituation des Protagonisten, der sich durch seine Arbeit als Fotograf in ein spezielles Spannungsverhältnis zur Wirklichkeit gebracht sieht. »Blow up« ist ein Film über die Vergegenwärtigung mit technischen (medialen) Mitteln. Die Wirklichkeit der durch die Fotos erzählten Geschichte muss nichts mit der Wirklichkeit des Geschehens zu tun haben. Spuren, die den Mord beweisen, bleiben in der Realität nicht zurück. Die Wirklichkeit der Bilder ist ein künstliches Produkt. Das unmittelbare Erleben der an dem Geschehen Beteiligten bleibt bis zuletzt Geheimnis.

Das im Erzählen Erzählte erscheint als selbstständiger Bedeutungszusammenhang. Die Wirklichkeit wird transzendiert. Sie wird durch das Erzählen überschritten und in einem fiktionalen Raum unter subjektiven Gesichtspunkten als nunmehr entrealisierte Wirklichkeit wiederhergestellt. Wie Ferdinand Fellmann in »Phänomenologie als ästhetische Theorie« herausarbeitet, transzendiert die Fiktion die Wirklichkeit und behalte doch alles, was die Wirklichkeit allererst zu menschlichen Lebenswelten macht. Die fiktionalen Geschichten fungierten als Muster der Welterschließung, durch die dem Menschen die Lebenswelt in ihrem sinnhaften Aufbau verständlich werde. (Fellmann, 196)

Das Ende des Films »Blow up« illustriert genau diesen Zusammenhang. Es zeigt eine Szene, in der eine Pantomimegruppe ein Tennisspiel aufführt. Der Fotograf sieht zu und denkt sich in das Geschehen hinein. Zum Schluss ist er in der Totale zu sehen und man hört (wie er) das Geräusch des Aufschlagens des in Wirklichkeit nicht vorhandenen Balles.

Nahezu unverarbeitet kommen Erlebnismomente in vielen Collagen im Hörbereich sowie in Episodenfilmen vor. Collagen machen die individuelle Schwerpunktsetzung des Erinnerns durch die Aneinanderreihung von auf ähnliche Weise Herausgefiltertem transparent. Collagen stellen die Interpretationsleistung ihrer Autoren durch ihren empirischen Charakter zur Schau, eine daraus resultierende Geschichte entsteht erst in den Köpfen der Rezipienten. Die Deutung der Erlebnismomente ist nicht zu einer neuen Geschichte verarbeitet, sondern diese Geschichte wird durch die Auswahl und Abfolge von Episoden oder Eindrucksschilderungen nahegelegt. Insofern lehnen sich Collagen und Episodenfilme an journalistisches oder auch wissenschaftliches Arbeiten an. In diesem Punkt sind die Grenzen zwischen Originalton-Hörspiel, Feature und Reportage fließend. Ein Beispiel dafür sind Collagen aus Interviewpassagen zu einem bestimmen Thema. Mechthild Müser hat für ihr Hörspiel »Die Angst, die bleibt« mit vier Frauen über die Gewalt in ihren Ehen gesprochen. Im Hörspiel werden Erlebnismomente der Frauen passagenweise zu einzelnen Themenbereichen zusammengestellt, wobei sich für die Hörer aus dem Arrangement der Erinnerungsstücke der Frauen neue Sinnzusammenhänge ergeben. Die ojektivierend ausgewählten subjektiven Erinnerungen erfassen die Hörer als neue Geschichte.

Ein erinnertes Erlebnis ist eine Auswahl aus Geschehenem, die individuell, nach einer subjektiven Sichtweise getroffen wird. Die Erinnerung unterscheidet zwischen Wichtigem und Unwichtigem. Das Erlebnis wird komprimiert auf Erlebnismomente. Darüber hinaus erscheint das Geschehene durch die Selektion in einem neuen Licht, es wird neu bewertet, ihm wird ein Sinn gegeben. Bei der Behandlung von Stoffideen oder Themenvorgaben läuft ein entsprechender gedanklicher Vorgang ab. Eine Idee oder ein Sachverhalt wird durchsucht nach assoziativen Anknüpfungspunkten mit hintergründigem Potenzial, besonderen oder unvertrauten Einzelheiten. Diese Anknüpfungspunkte werden diskursiv miteinander verbunden. Es entsteht eine fiktive Geschichte oder ein fiktiver Zusammenhang, der wiederum eine Deutung erfährt. Aus ihr heraus wird die Sinnhaftigkeit eines zu entwickelnden Stoffes bestimmt, sein Plot abgeleitet.

4.2 Erzählen und Erarbeiten

Dass die Technik des Schreibens nicht nur unter dramaturgischen Gesichtspunkten mit der Technik des Erzählens zu tun hat, ist keine Frage. Beim Erzählen wie beim Schreiben ist ein Hauptproblem das der Erinnerung. Jede Geschichte, die aufgeschrieben wird, bedeutet eine Trennung von dem, was geschehen ist. So banal wie wahr können Geschichten immer erst nachträglich erzählt werden. Die erzählte oder aufgeschriebene Geschichte hat, wie im vorigen Kapitel dargestellt, durch ihre Entstehungsweise ihre eigene Wirklichkeit. Sie ist gewissermaßen das Produkt einer speziellen Auseinandersetzung mit Geschehnissen. Sie ist gegenüber dem Geschehenen etwas Neues mit einer eigenen Wirklichkeit, die jetzt mit der Wirklichkeit des Geschehenen korrespondiert.

Bevor es ans szenische Schreiben geht, stellt sich die Frage, was in der Erinnerung das dramatische Potenzial ausmacht, was sich unter Umständen von der Wirklichkeit unterscheidet, weil es unter subjektivem Blickwinkel empfunden ist. Was an einer unbearbeiteten, fremden Situation wird als relevant empfunden, was passiert bei der gedanklichen Verarbeitung dieser Situation in dramaturgischer Hinsicht. Am Beispiel von Aristoteles wurde dieser Vorgang im Kapitel »Was gefällt« angesprochen. Der als Rohstoff wichtig gewordenen Idee wird eine Form gegeben. Einem ungeformten Stoff ohne Orientierungspunkte werden Orientierungspunkte einverleibt. Das bedeutet künstlerische Mimesis. Etwas wird in ein künstlerisches Produkt verwandelt, und zwar nach subjektiven Kriterien. Das Erinnern wird einer Reflexion unterzogen. Die eigene wohlverstandene Emotionalität wird berücksichtigt. Die aristotelische Bedeutung von Mimesis hieß nicht Nachahmen, sondern Offensichtlichmachen. Die dramaturgische Situation spiegelt nicht nur das Erzählte als Kombination von Erlebtem, sondern auch das, was durch den dramaturgischen Umgang mit dem Erlebten bereits offensichtlich wurde: das Vertraute in Verbindung mit dem Unvertrauten.

Diese Verbindung zeichnet das szenische Schreiben aus. Das Vertraute ruft Verständnis hervor, das Unvertraute bewirkt Neugier. Nur Vertrautes wird allzugut verstanden und abgetan, nur Unvertrautes befremdet, Nähe und damit Identifikation kommt nicht auf. Deshalb werden Vertrautes und Unvertrautes kombiniert. Eugene Vale schlägt in »Die Technik des Drehbuchschreibens« drei Kombinationen vor, die ein Publikum ansprechen und fesseln sollen: ungekannte Ereignisse und vertraute Emotionen, geläufige Personen in unbekannten Situationen, Alltagsereignisse mit durchschnittlichen Menschen und ein origineller Stil. (Vale, 226f.)

Alle diese Möglichkeiten beruhen auf der Einsicht, dass nichtverstandene Emotionen ein Drehbuch eher belasten als bereichern. Das angeschnittene Problem ist das der Identifikation. Für Vale ist eine der wesentlichen Voraussetzungen für ein erfolgreiches Drehbuch die gelingende Identifikation, die immer auch zur Verständlichkeit des dramaturgischen Ganzen beiträgt. Autoren sollten die emotionale Situation ihrer Charaktere emotional nachvollziehbar gestalten. Die praktischen Vorschläge Vales entsprechen einer auf die Massenemotionalität ausgerichteten Vorstellung. Nichtvertraute Emotionen sind in der Tat schwerer zugänglich zu machen als unbekannte Ereignisse, auch weil Erzähltes auf Empfindungen basiert. Solange das Erfühlte nicht offensichtlich wird, bleibt die Erzählung im Kern unverständlich. Dagegen helfen allgemein leicht zugängliche Emotionen mit schwierigen Inhalten vertraut zu machen. Trotzdem ist es möglich, Außenseitergefühle und damit verbundene unübliche Handlungen darzustellen. In biografisch geprägten Filmen wie »Amadeus« oder »The Doors« ist dies von zentraler Bedeutung. Die ungewöhnliche emotionale Situation Mozarts bzw. Jim Morrisons wird nicht als emotional völlig eingängig zurechtgestutzt. Es bleiben Fragen offen, an die sich die Filme durch eine bestimmte Auswahl erzählter Geschichten, die ein Ergebnis einfühlsamer Recherche ist, annähern. Der in den Filmen transparente Prozess der Einfühlung der Autoren und Regisseure regt den Prozess des Mitfühlens aufseiten der Rezipienten an.

Im Film »The Doors« gibt es am Anfang eine Szene, die die Geschichte des Sängers Jim Morrison komprimiert und antizipiert. Er stellt als Student einer Filmhochschule einen selbst produzierten Kurzfilm vor. Zum Bild Stripperin zitiert er aus dem Off Nietzsche: »Alle großen Dinge müssen zuerst furchterregende, monströse Masken tragen, um sich ins Herz der Menschheit einzuprägen.« Es erfolgt ein Schnitt zu einem Naziaufzug. Dazu wieder aus dem Off: »Hört, Kinder, das Dröhnen der Nürnberger Nacht. Im Trance führt der Schamane in eine sinnliche Panik. Er verhält sich wie ein Wahnsinniger. Professionelle Hysterie.« Dann folgt Morrison selbst in Großaufnahme: »Habt ihr Gott gesehen? Ein Mandala ...« Die nächste Einstellung zeigt Morrison zwischen den Beinen der Stripperin: »Ich berührte ihre Schenkel ...« Zum Schluss steht er auf einem Hochhaus und deklamiert: »Diese Welt ist ein Wille zur Macht und sonst nichts, gar nichts.« Der Film ist sein Abgang von der Hochschule, ein Abgang mit Aplomb. Der Film trägt all die Ingredenzien, die die wenigen Lebensjahre, die Morrison bis zu seinem Drogentod noch bleiben, prägen: Trance durch Halluzinogene, die seine Musik und seinen Lebensstil prägt, Hingezogenheit zum Exzess, zur Provokation, romantisch-esoterische Verklärung und das ambivalente Verhältnis zur Macht. In einer Szene, die ihn während eines Trips zeigt, wird das noch deutlicher. Morrison beschreibt eine riesige Schlange, die man küssen muß, denn wenn man Angst vor ihr hat, frisst sie einen. Der Gefallen an der Angst wird als deren Überwindung deklariert, ambivalent dazu erfolgt das Geständnis: »Ich habe gelogen. Ich habe Angst.«

Morrisons Todessehnsucht und gleichzeitig die Angst vor dem Tod und besonders das Bewusstsein, dass er (viel zu früh) kommen wird, können nicht erklärt werden, und es werden auch keine psychologisierenden Interpretationen gegeben. Oliver Stone näherte sich dieser wohl für die wenigsten nachvollziehbaren Gefühlslage durch ein assoziatives, einkreisendes Erinnern an. Er stellt die Hysterie auf den Konzerten dar, das exzessive Hippie- und Drogenleben, fängt die Lust an der Berühmtheit ein (z.B. freches Lümmeln vor Journalisten) und ihr eifersüchtiges Verteidigen (Konkurrenzgespräch mit Andy Warhol), auch die Angst vor der Unbedeutendheit (sexuelles Versagen) oder die Erwartung von außen, ein Idol zu zelebrieren (Starfototermin). Stone erarbeitete so die immer deutlichere Erahnbarkeit der Kriterien, die Morrison zu seinem außergewöhnlichen Leben gebracht haben. Songaufnahmen der Doors, besonders auch ihre Texte korrespondieren mit dieser dramaturgischen Annäherung. Die Stimmigkeit zwischen Dokumenten und Fiktion autorisieren die spezielle dramaturgische Erarbeitung als eine die wahre Persönlichkeit und Geschichte Morrisons nicht etwa nachahmende, sondern weitgehend offensichtlich machende Wiedergabe.

Im Film »Amadeus«, der nicht nur vom Publikum, sondern auch von Mozartbiografen viel Lob erhalten hat, arbeitete Milos Forman mit vielen fiktiven filmspezifischen Episodenvorstellungen, die auf Spielfilmlänge das Leben des Komponisten deutlicher machen konnten, als es echte Szenen seines Lebens vielleicht getan hätten. Der Vorgang des Erinnerns wird in den Vorgang des Erarbeitens transformiert. Mozart wird eingeführt durch eine Heiratserklärung, die er als Kinderspiel unter dem Tisch mit verdrehten Wörtern gestaltet, die er virtuos hervorbringt. Kindisches und geniales sind in dieser Szene verbunden. Sie ist ein Wegweiser zwischen Mozarts Begabung und Können und seinem unreifen, nicht gesellschaftstüchtigen Verhalten. Seine Abstandslosigkeit zur Musik, also dass er die Musik quasi in sich hat, wird wenig später deutlich, als er völlig ohne Gefühl für die Empfindungen des Wiener Hofkomponisten Salieri dessen Begrüßungskomposition verändert.

Die beiden Filme zeigen, dass noch eine vierte zu den von Vale angegebenen Kombinationen erzählerischer Möglichkeiten hinzugerechnet werden kann: ungewöhnliche Personen in ungewöhnlichen Situationen und transparent gemachte Empathie von Film- oder Hörspielkünstlern.

Ist das Neue, das Besondere, das Unvertraute aus einer Themenvorgabe oder Idee herausgefiltert, geht es darum, es offensichtlich zu machen — in seiner Erscheinungsweise und der damit verbundenen subjektiven Empfindung der Autoren. Dafür wird eine Handlung erdacht oder neu interpretiert oder eine inhaltliche Komposition erarbeitet, die das Unvertraute aus einem vertrauten Rahmen heraus erklärt und es in den Mittelpunkt stellt. Die Erzählform ist, was Ereignisse, Emotionen, alltägliches und außerordentliches, selbst- und unverständliches betrifft, eine Mischung zwischen Vertrautem und Unvertrauten.

4.3 Konflikte

Im Kapitel »Mitfühlen« ist die Rede davon, dass beginnendes Mitfühlen einem Verlangen danach entspricht, dass eine erzählte Handlung die Handelnden deutet. Wird eine Person eingeführt, muss sich erweisen, warum sie erschienen ist und warum auf die ihr zugewiesene Weise. Das mit dem Auftreten der Person verbundene Ziel erweist sich an ihren Zielen. Deshalb äußert jede Person in einem Hörspiel oder Film, auch in einem Feature, hier z.B. durch Interviewschwerpunkte, ihre Interessen. Sie sollte Gelegenheit erhalten, ihre Ziele oder Interessen zu vertreten und auf ihnen zu beharren, damit ihr Wille deutlich wird. Solche Gelegenheiten bieten Konflikte, in die die Personen geraten. Konflikte verlaufen in drei Stadien. Eine oder mehrere Personen werden motiviert, sich mit etwas oder miteinander auseinanderzusetzen und entwickeln entsprechend ihres persönlichen Standpunktes eine spezielle Absicht. Sie führen gemäß dieser Absicht die Auseinandersetzung (Konfrontation). Die Konfrontation gelangt zu einem Ergebnis (Lösung). Dass eine Person in einen Konflikt gerät, wird möglich, indem sie auf Hindernisse oder Fragen trifft, die ihr Grund geben, zu handeln oder zu sprechen, die sie zunächst einmal motivieren, etwas zu beabsichtigen. Hindernisse, die Motivationsanstöße bieten, sind solche, bei denen für die betreffende Person etwas auf dem Spiel steht. Es können unerwartete Ereignisse sein, und auch eine Konstellation mehrerer Personen, die sich gegenüber- oder entgegenstehen. Probleme, in die jemand gerät, dürfen nicht gestellt erscheinen, sondern notwendig. Denn jede Person muss Grund haben, sich in Konflikte zu begeben statt ihnen auszuweichen. D.h., sie muss sich genötigt sehen, sich Streit oder Unannehmlichkeiten auszusetzen. Auftretende Personen werden also in eine ihren Wünschen, ihrer inneren Dynamik, ihrer Prägung angemessene Problemsituation gestellt. Deshalb wird im Einstieg eines Films, Hörspiels oder Features mindestens eine Person durch eine Störung motiviert, die sie veranlasst, ihre Interessen zu vertreten. Das in den Personen Verborgene, ihre charakterlichen Regungen bestimmen das durch diese Störung angestoßene Geschehen entscheidend mit. Dies nimmt noch einmal den Sachverhalt auf, dass Autoren die Psyche ihrer Figuren vordenken, dass die Interpretation des zu Erzählenden Voraussetzung für die erzählte Geschichte ist.

Die Konflikte innerhalb eines Geschehens erscheinen dann sinnvoll und notwendig, wenn sie der zentralen oder Grundaussage, der Prämisse, dienlich sind. Sie verdeutlichen sie in kombinierter Weise: Ein Konflikt bedeutet, dass jemand oder mehrere ein Ziel erreichen wollen, das auf die Grundaussage des Films hinweist oder zu ihr hinführt. Das, worum es geht, ist jeweils möglich, aber schwierig. Auf der anderen Seite sind auch die Schwierigkeiten dann sinnvoll, wenn sich in ihnen die Dramatik des Hauptanliegens ausdrückt. Schwierigkeiten und Ziele bedingen einander. Bevor ein Dialog oder eine Szene in Angriff genommen werden, werden deshalb unterschiedliche Ziele der beteiligten Personen definiert. Im Dialog oder in einer Handlung treffen die jeweils unterschiedlichen Ziele von Personen auf Widerstand. Opponenten oder widerstreitende Aspekte sollten etwa gleichwertig sein, damit eine Auseinandersetzung glaubhaft ist. Deshalb ist es wichtig, dass nicht nur Protagonisten, sondern auch kleineren Rollen ein charakterliches

Potenzial zugeschrieben wird, das in ihrer Motivation Persönlichkeit und damit persönliches Engagement und individuelle Absichten erkennen lässt, was wiederum eine Voraussetzung für Mitgefühl ist.

Im Kapitel »Absichten« ist erwähnt, dass Grundabsicht wie Teilabsichten eines Kunstwerkes Ideen zu seiner Prämisse sind. Der zentrale Konflikt spiegelt die Grundabsicht wider, in den einzelnen Konflikten stellen sich die Teilabsichten dar. Der zentrale Konflikt entwickelt sich im Geschehen durch die Abfolge einzelner Konflikte, die Motivation, Teilabsichten und darin charakterliche Züge der Figuren zum Ausdruck bringen. Die Entwicklung eines Konfliktes schließt dessen Steigerung ein. Sie gibt Figuren Gelegenheit, mehrere emotionale Stadien zu durchlaufen. Ist die Steigerung stetig, bauen diese emotionalen Stadien aufeinander auf und werden für Rezipienten nachvollziehbar. Die Entwicklung einer Handlung erscheint plausibel. Deshalb sind statische Konflikte, etwa im Sinne eines Kinderstreits, in dem nichts vorangeht, in der Regel ungeeignet, eine Handlung voranzubringen, denn in einem statischen Konflikt wird vordergründig nichts anderes beabsichtigt, als Recht zu behalten, einen Status quo zu bestimmen. Wenn Figuren innerhalb eines Konflikts ihre emotionalen Zustände aprupt wechseln, so, dass niemand mitbekommt, warum, liegt ein sprunghafter Konflikt vor. Die Figuren erscheinen ungesteuert, beliebig. Um stetig sich entwickelnde Konflikte zu erhalten, ist es ein Hilfsmittel, sich eine Szene klassisch als Abfolgen von These und Antithese vorzustellen (die Synthese entspräche dann sinngemäß einem Aspekt der Prämisse), oder salopp gesagt, als Angriff und Gegenangriff. Im diskursiven Widerstreit, auch mit sich selbst, entwickeln sich die Figuren, sie verändern sich (aneinander) emotional wachsend, vom Ausgangspunkt hin zur Entscheidung.

Zwei Konfliktfelder lassen sich unterscheiden. Einmal das dramatische, in dem zwei Personen oder Gruppen gegeneinander kämpfen. Zum zweiten lässt es sich als episches Konfliktfeld bezeichnen, wenn sich Menschen mit inneren Anfechtungen oder unter innerer Beteiligung mit äußeren Widerständen auseinandersetzen. Innere Konflikte sind Probleme zwischen Wunsch oder Vorhaben und innerer Haltung. Diese lösen bei einer Figur widerstreitende Gefühle aus. Sie gerät in ein Dilemma. Innere Konflikte erleichtern Rezipienten das sich Hineinversetzen in eine Figur oder auch die Identifikation mit ihr. Sie verhindern, dass Personen zu glatt erscheinen. Wird ein Film oder Hörspiel als episch empfunden, liegt der Schwerpunkt seiner Konfliktsituationen auf inneren Konflikten bzw. das Gewicht auf der inneren Beteiligung an einem Konflikt.

Oft werden innere Konflikte dramatisiert, d.h. ihre epische Ebene wird auf dramatische Weise ausgedrückt. Die widerstreitenden Kräfte werden personalisiert, in interpersonale Handlung und den Dialog transferiert. In »Der gute Gott von Manhatten« nimmt Ingeborg Bachmann diesen häufig gewählten Umweg nicht. In dem Hörspiel wacht der gute Gott darüber, dass niemand in der Stadt sich über die faktischen Anforderungen der Gesellschaft erhebt, sich ausklinkt aus Zeit und Realität und nur noch für und in seinem Traum von einer Vollkommenheit lebt. Thema ist die Unmöglichkeit, die Liebe in der Wirklichkeit zu leben. Der gute Gott hat mehrere Bombenanschläge verübt, verhandelt wird in dem Hörspiel der auf ein Liebespaar, das völlig in sich aufgegangen ist und nicht mehr bereit, etwas anderes als seine Liebe zu leben — und koste es das Leben. Im Gespräch zwischen dem Richter und dem guten Gott nimmt der Richter keinen Gegenpart ein, sondern er moderiert die Erklärungen des guten Gottes:

Guter Gott	...Ich möchte Sie nur davon unterrichten, daß die beiden (das Liebespaar) an nichts mehr glaubten und ich in gutem Glauben handelte.
Richter	Sie?
Guter Gott	Wollen sie mein Glaubensbekenntnis? — Ich glaube an eine Ordnung für alle und für alle Tage, in der gelebt wird jeden Tag. Ich glaube an eine große Konvention und an ihre große Macht, in der alle Gefühle und Gedanken Platz haben, und ich glaube an den Tod ihrer Widersacher. Ich glaube, daß die Liebe auf der Nachtseite der Welt ist, verderblicher als jedes Verbrechen, als alle Ketzereien. Ich glaube, daß, wo sie aufkommt, ein Wirbel entsteht wie vor dem ersten Schöpfungstag. Ich glaube, daß die Liebe unschuldig ist und zum Untergang führt; daß es nur weitergeht mit Schuld und mit dem Kommen vor alle Instanzen. Ich glaube, daß die Liebenden gerechterweise in die Luft fliegen und immer geflogen sind. Da mögen sie vielleicht unter die Sternbilder versetzt worden sein...

Der Richter steht vor dem Problem, das Bekenntnis des guten Gottes zu teilen, aber seine Konsequenz — die Morde — nicht gutheißen zu dürfen:

Guter Gott	Ich gestehe Ihnen unzählige (glückliche Paare) zu. Aber wer wird sich mit Menschen beschäftigen, die nach einem anfänglichen Seitensprung in die Freiheit ohnehin Instinkt bewiesen haben. Die das bißchen anfängliche Glut zähmten, in die Hand nahmen und ein Heilmittelunternehmen gegen die Einsamkeit draus machten, eine Kameradschaft und wirtschaftliche Interessengemeinschaft. Ein annehmbarer Status innerhalb der Gesellschaft ist geschaffen. Alles im Gleichgewicht und in der Ordnung.
Richter	Etwas anderes ist nicht möglich und gibt es nicht.
Guter Gott	Weil ich es ausgerottet und kaltgemacht habe. Ich habe es getan, damit es Ruhe und Sicherheit gibt, auch damit Sie hier ruhig sitzen und sich die Fingerspitzen betrachten können und der Gang aller Dinge der bleibt, den wir bevorzugen.
Richter	Es gibt nicht zwei Richter — wie es nicht zwei Ordnungen gibt.
Guter Gott	Dann müßten Sie mit mir im Bund sein, und ich weiß es nur noch nicht. Dann war es vielleicht nicht beabsichtigt, mich außer Gefecht zu setzen, sondern etwas zur Sprache zu bringen, worüber besser nicht geredet werden sollte. Und zwei Ordner wären einer. (Bachmann, 39f.)

Der Richter fungiert als verstehende und gleichzeitig den guten Gott verständlich machende Instanz. Die epische Dimension des Themas wird dadurch, dass die Dialogpartner nicht gegeneinander auftreten, sondern sich erzählerisch ergänzen, betont. These und Antithese (die Unschuld der Liebe, die sich schuldig macht, dadurch, dass die sich bedingungslos Liebenden sich außerhalb der Ordnung der Gesellschaft stellen) treten im Dilemma des Richters auf. Sein Gesprächspartner hat sich dem Dilemma entzogen, indem er sich als Gott in seiner angemaßten Verantwortung für die Gesellschaftsordnung darüber erhebt. Der Richter entzieht sich, indem er sozusagen unter der Lösung hindurchschlüpft: er lässt die Anklage bestehen, der Täter darf jedoch durch den Nebeneingang frei das Gericht verlassen.

Personen bieten eine Angriffsfläche für Meinungen über sie, wenn sie Willen (Unwillen) äußern und Interessen zeigen. Diese Angriffsfläche nutzen Autoren, um andere Standpunkte zu platzieren, die durch einen Kontrast abgegrenzt erscheinen. Die kontrastierte Darstellung von Inhalten und auch von andersartigen Typen, die durch die Mischung aufeinander prallen, regen in Features Rezipienten zur inneren Stellungnahme an. Dass jemand auf seinem Willen beharrt, bildet die Voraussetzung für einen Konflikt, der sich entfachen kann, wenn unterschiedliche Standpunkte Personen motivieren, Ziele zu vertreten und dafür Absichten zu entwickeln und gegen andere zu verfolgen. Die Botschaft, die ein Konflikt aufgrund seines Inhalts, seiner Antriebsmomente oder auch seiner Struktur vermittelt, steht mit der Prämisse des Gesamtgeschehens in Verbindung. Neben Konflikten zwischen Personen werden, z.B. um komplexe Figuren Rezipienten zu erschließen, innere Konflikte dargestellt. Es lässt sich zwischen dramatischen und epischen Konfliktfeldern unterscheiden. Der Prozess, den ein sich entwickelnder Konflikt durchläuft, lässt sich in Einleitung (Motivation), Konfrontation und Lösung gliedern und entspricht damit einem klassischen Schema für einen gesamten Handlungsaufbau.

4.4 Montage

Hörspiel, Feature und Spielfilm sind aus verschiedenartigsten Einzelteilen zu einem Kunstwerk zusammengesetzt. Die Montage ist komplex, weil nicht nur Einzelteile wie Sprache, Musik, Geräusch, Bild zusammengesetzt werden, sondern auch Verknüpfungen dieser Einzelteile, wie Handlungseinheiten oder akustische Collagen. Das Kunstwerk wird zu einer Einheit, indem alle Einzelteile auf einen Mittelpunkt und aufeinander bezogen sind. Die Montage entspricht der Konkretisierung des Geschehens in seinen Einzelteilen.

Im Kapitel »Medienspezifische Mittel« wurde der Einsatz der kleinsten Bausteine des Montagekomplexes bereits angesprochen. Was beispielsweise in einem Hörspiel oder Radiofeature mit Worten, Geräuschen, Musik, Tonveränderungen oder -verlagerungen ausgedrückt wird, richtet sich einmal nach dem Inhalt sowie seiner klaren und effektiven Präsentierbarkeit und dem Stil. Die Art des Ausdrucks richtet sich aber auch nach dem Gebot einer abwechslungsreichen und vielfältigen Montage einzelner Handlungs- oder Sacheinheiten. Ein Film lebt zweifelsohne vornehmlich von der Bildinformation. Was jedoch geschehen kann, wenn einem Einzelteil innerhalb der Montage voreingenommen Priorität eingeräumt wird, beschreibt Glenn Gould im II. Band seiner »Schriften zur Musik«:

> »Besonders bei Dokumentarfilmen im Fernsehen ärgere ich mich häufig sehr darüber, daß in dem Augenblick, in dem irgend jemand — der Sprecher, die Hauptperson oder jemand, der über die Hauptperson spricht — zufällig den Mund aufmacht, alle anderen Aktivitäten zum Erliegen kommen oder jedenfalls fünfzehn Dezibel heruntergefahren werden müssen, um für Respekt zu sorgen. Der Durchschnittsmensch kann sehr viel mehr Informationen aufnehmen und auf sie reagieren, als wir ihm in den meisten Fällen zumuten. Wenn man natürlich will, daß die Leute für jedes bißchen Information, das man an sie weitergibt, eine eigene Schublade auftun, werden sie das tun — das ist der einfache Ausweg. Wenn man jedoch möchte, daß sie, in dem alten Wagnerschen Sinn, von einem Kunstwerk ergriffen werden, dann kann man das nicht so machen. Um das zu erreichen, muß man sämtliche Elemente in einem Zustand des beständigen Fließens, des Zusammenspiels der nervösen Erregung (wobei ich diesen Ausdruck natürlich nicht im medizinischen Sinne verwende) halten, so daß man von der Struktur emporgetragen wird und in keinem Augenblick die Zeit hat, sich zurückzulehnen und zu sagen: ›Oh ja, jetzt kommt die Überleitung zum zweiten Akt.‹
>
> Es scheint mir ungeheuer wichtig, einen Typ von Hörer zu fördern, der nicht im Sinne von Vorrang, im Sinne von Priorität denkt, und die Collage ist ein Mittel dazu.« (Gould, 198f.)

In diesem Plädoyer wird die Verquickung von inhaltlichem und formalem Montageprozess deutlich. Wenn Gould davon spricht, »sämtliche Elemente in einem Zustand beständigen Fließens« zu halten, meint er sowohl die Vielfalt der technischen Arten des Ausdrucks als auch das Ineinandergreifen inhaltlicher Linien. Vielschichtig ist nicht nur die medientechnische Präsentation, sondern auch das mit ihr verknüpfte Geschehen. In den meisten Filmen und Hörspielen gibt es eine Haupthandlung und Nebenhandlungen, die die Haupthandlung inhaltlich bereichern, in Bezug zu ihr stehen und mit ihr verbunden werden. Auch in Features oder in einem fiktiv dargestellten Geschehen, das keine Handlung aufweist, lassen sich inhaltliche oder sachliche Hauptlinien und ergänzende Argumentationen oder Beschreibungen differenzieren. Nebenhandlungen sind in Bezug auf die Haupthandlung notwendig. Sie und die in ihnen auftretenden Personen dienen oft der Beschreibung des Milieus, an dem sich die Haupthandlung reibt. Oder sie vermitteln eine Stimmung, die im Kontrast zu der der Haupthandlung steht und diese damit hervorhebt. Nebenhandlungen können die Haupthandlung auch erklären, was besonders im Kriminalfilm oder -hörspiel von Bedeutung ist, wo das sich immer engere Verschränken verschiedener Erzähllinien zur Lösung und Deutung führt.

Technisch wird die Komplexität einer Geschichte erarbeitet, indem Inhalte und Erzähllinien in der Abfolge von Szenen ineinandergreifen. Eine Szene ist ein Vorgang oder Auftritt innerhalb eines Handlungsabschnittes, also seine kleinste inhaltliche Einheit. Solche einzelnen Handlungen oder Dialoge werden zu Handlungszusammenhängen miteinander verbunden, szenisch ausgedrückt, zu Sequenzen. Eine Sequenz stellt eine in sich geschlossene kleinere Handlungseinheit dar. In einer Sequenz gelangen Teilabsichten von Personen zu ihren Zielen oder verfehlen sie. Die Motivation entsteht (Warum wird jemand etwas tun?), die Absicht wird formuliert (Wie wird er es tun?). Die Handlung gelangt innerhalb der Sequenz zu einem Abschluss (Was hat er erreicht?). Anders ausgedrückt beinhaltet eine Sequenz das Entstehen, Austragen und Lösen eines Konfliktes.

Die Montage einzelner Handlungszusammenhänge erfolgt nicht nacheinander, sondern ineinander verschränkt. Während ein Konflikt sich zuspitzt, sind andere bereits im Aufbau. So läuft immer mindestens ein Antizipationsvorgang und damit eine Erwartung, die die Aufmerksamkeit der Rezipienten wachhält. Diese Arbeitsweise erstreckt sich auch auf einzelne Erzähl- oder Argumentationslinien. Während der Erzähldauer befinden sich mehrere Erzähllinien in verschiedenen Stadien. Eine dramaturgisch als Handlung gestaltete Erzählung oder ein nachforschendes Feature lassen sich meist einteilen in die Abschnitte Einführung, erste Störung (beim Feature der »Aufhänger«), dadurch ausgelöster Konflikt (beim Feature Konfrontation verschiedener Standpunkte oder Lagebeschreibungen), sich steigernde Entwicklung des Konfliktes, seine Lösung, Beruhigung (Ausklang). Auch die Gesamthandlung eines Films, Hörspiels oder Features lässt sich gewöhnlich in diese Phasen einteilen, sie entsprechen der klassischen Gliederung von Theaterstücken oder Konzerten in drei Akte, nämlich Exposition (Thema), Konfrontation (Verarbeitung), Auflösung (Schluss).

Während der Montage eines Erzählstoffes zu einer Partitur, einem Manuskript oder Drehbuch entscheidet sich letztendlich, was als wesentlich aufgenommen und als unwesentlich verworfen wird. Dabei werden aus zeitlich realen Abläufen oder zeitlich real gedachten Abläufen verkürzte Abläufe. Durch die Reduktion auf das Wesentliche und die sich daraus ergebende Motorik, die nicht mehr der Motorik eines realen Geschehens entspricht, wird die Realzeit nicht mehr als solche eingeschätzt, sondern ersetzt durch ein Zeitgefühl, das die Handelnden nach außen transportieren. »Geheimsache« von Jaques Rivette ist ein Film, in dem dieses Zeitgefühl nicht, wie gewöhnlich, nur unbewusst erlebt wird. Die Differenz zwischen realem Zeiterleben und filmisch vermitteltem Zeitgefühl wird dramaturgisch genutzt. In diesem Film tritt die Handlung hinter der Suche nach Sinn und Grund menschlicher Handlungsweisen zurück. Über zig Sekunden geschieht nichts weiter, als dass die Protagonistin gedankenvoll aus der fahrenden Metro blickt. Eine Echtzeitdokumentation, in der sichtlich nichts Wesentliches passiert, bricht in das künstliche Zeitgefühl, das der Film in anderen Sequenzen vermittelt, ein. Rivette baut Szenen ein, die scheinbar nichts Wesentliches zur Handlung beitragen, die dazu das Gefühl für den filmischen Zeitablauf stören. Er bringt die Auszeiten des Lebens, die wohl jeder in der Bahn, im Bus, an der Haltestelle schon verbracht hat, direkt auf die Leinwand. Zwischen bedrohliche Ereignisse eingebettet, zeichnen sich in ihnen Bedrückung, unangenehmes Berührtsein und Aussichtslosigkeit ab, die Zeit lastet auf dem Gemüt, weil die Motorik der Handlungsebene gebremst ist. Genau diese Gefühle, die sich beim Zusehen einstellen, kennzeichnen die Protagonistin, sie drückt sie mit sehr sparsamen Handlungen aus. Rivette erreicht mit diesem Mittel der Montage nahezu zwangsläufig Identifikation mit der Protagonistin. Die in diesen Szenen sich mitteilenden Gefühle stellen sich als Schlüssel für die Verbrechen heraus, die in »Geheimsache« aufgeklärt werden.

Rivette befindet sich mit dieser auffälligen und sichtbaren Montage in einer Tradition, die, wenn auch in anderer Hinsicht, die Nouvelle Vague bekannt gemacht hat. Es ging Filmemachern wie Jean Luc Godard oder Francois Truffaut nicht um eine unsichtbare Montage, die einen kontinuierlichen Handlungsfluss suggeriert, sondern um eine fokussierte, beinahe fotografische Beleuchtung meist alltäglicher Sachverhalte, Stimmungen oder sozialer Zusammenhänge. Auch Regisseure wie Wim Wenders oder Jim Jarmusch halten sich häufig nicht an einen Aufbau, bei dem eine fortschreitende Handlung geschichtsbestimmend ist, sondern collagieren Eindrücke zu einem sinnlichen Eindrucksbild. Dies ist parallel auch bei Hörspielen in den letzten drei Jahrzehnten ein deutlicher Trend. Im Featurebereich nimmt eine solche Collagierung breiten Raum ein.

In der Montage werden jedwede Einzelheiten oder Komplexe eines Geschehens kompositorisch, den Plot ausmalend, zusammengesetzt. Die Montage realisiert die Verbindung von Sinn und Form. Das Verknüpfen der Haupthandlung mit Nebenhandlungen, das ineinander greifende Komponieren von Erzähllinien, der Aufbau von Konflikten bei Spielhandlungen sowie das Anlegen, Verfolgen und Einordnen inhaltlicher Linien bei Features zählen zur Montage. Es ist gleichzeitig ihre Aufgabe, mediengerechte Formen inhaltlichen und figürlichen Ausdrucks im Hinblick auf den Charakter einer Gesamtaussage szenisch festzulegen.

4.5 Verständlichkeit

Jeder dramaturgisch gestaltete Erzählzusammenhang hat eine tiefere Bedeutung. Sie kristallisiert sich bei der analytischen Durcharbeitung des zu Erzählenden heraus. Sie entspricht dem dieser Durcharbeitung eigenen Deutungsmuster. Dieses Deutungsmuster ist es, was dem zu Erzählenden nach dem Empfinden des Erzählers — und unabhängig von der späteren Interpretation durch Rezipienten — Sinn verleiht. Der Sinn schlägt sich in dem nieder, was als Prämisse des Erzählten formuliert werden kann. Diesen Sinn zu transportieren und ihn für Adressaten transparent zu machen, gehört zu den Absichten des Erzählers. Er will verstanden werden.

Das Bedürfnis nach Verständlichkeit entspricht einem Mitteilungsbedürfnis gedanklicher Leistung oder Interpretation. Warum jemand bestimmte Dinge erzählt oder thematisiert, liegt in seiner Individualität bzw. Persönlichkeit begründet. Die Verständlichkeit einer Geschichte beruht zunächst auf dem verständlichen Ausdruck des eigenen Selbst, der eigenen Neigungen, Interessen, Begriffe, Gefühle, Erfahrungen. Sie gründet sich auf der Vermittlung der Gefühle, die zum Erzählen der Geschichte angeregt haben. Diese Gefühle sollten nachgefühlt werden können. Wie im Kapitel »Erzählen und Erarbeiten« bereits angesprochen wurde, dient es der Verständlichkeit, wenn eine Geschichte emotional wirkt. Gewissermaßen steuert ein in der Regel psychologisch erklärbares Hauptanliegen die synchronischen und diachronischen Vorgänge der Erzählung, d.h. deren geschichtliche Entwicklungen und das in ihr vorhandene zeitgleiche Geschehen. Das zentral werdende Anliegen verbindet das, was verborgen passiert, also nicht erzählt wird, mit dem, was durch das Verhalten der Betroffenen deutlich wird. Das symptomatische Verhalten der Betroffenen ist Schlüssel für die Ursache ihrer Betroffenheit. Das Geschehen wird also nicht nur vom inhaltlichen Aufbau sowie von den auftretenden Persönlichkeiten her geschildert, sondern auch von den Gefühlen des Erzählers her, die ihn angetrieben haben.

Dem Vorgang der Deutung des zu Erzählenden folgt als übersetzende Konkretisierung die Komposition einer Geschichte. Komposition ist der konstruktive Versuch, die Unmittelbarkeit des Erlebens in eine fingierte Lebenssphäre zu verwandeln. Räume, Zeitverläufe und Erlebniszusammenhänge werden zu einem für ein Feature oder Hörspielmanuskript oder Drehbuch konstitutiven Verhältnis arrangiert. Dieses Arrangement beinhaltet die Deutungsvorgabe für das erzählte Ganze. Es bietet die Grundlage für ein Exposé und damit die erste Probe für die Verständlichkeit eines geplanten Projektes. Form und Stil der Ausgestaltung von Figuren und Geschehen finden sich in der Komposition angelegt. Auf ihr fußen das Formulieren einzelner Konflikte, Dialoge sowie die Darstellung der Entwicklung und des Wachstums von Personen.

Die Komposition eines Features, Hörspiels oder Films dokumentiert seine Sinnhaftigkeit und sorgt für das Verständnis. In der Exposition einer Darstellung finden sich neben der Einführung von Personen und Geschehen oft auch Vorgaben für das Verständnis. Eine Vorgabe für das Verständnis des Gesamtgeschehens hat Alfred Hitchcock in »Die Vögel« eingebaut. In einer Vogelhandlung in San Francisco werden die späteren Ereignisse durch die Gespräche der Protagonisten vorgezeichnet. Die Liebe des Paares, das sich in dieser Vogelhandlung kennenlernt, ist belastet durch die bedrohliche, apokalyptische Verselbstständigung der Vögel, die in Riesenansammlungen bald darauf beginnen werden, die Menschen zu attackieren. Das psychologische Drama, das sich eingangs anzubahnen scheint, wendet sich in eine reine Horror-Vision, allerdings unter dem Aspekt, dass die entstandenen bedrohlichen Verhältnisse sinnbildlich für die emotionalen Konflikte der Protagonisten stehen.

Das zentrale Anliegen einer Geschichte, dramaturgisch formuliert als zentraler Konflikt, wird im Einstieg eingebracht und an wichtigen Punkten der Handlung erneut aufgeworfen. Diese wichtigen Punkte sind dann gegeben, wenn die Geschichte zu neuen Perspektiven gelangt ist, die eine neue oder andere Sicht auf den zentralen Konflikt ermöglichen. Neue Perspektiven ergeben sich durch verschiedene Erzähllinien, die sich kreuzen oder ineinander münden. Auch durch die Wirkung unterschiedlicher Charaktere und Absichten aufeinander entstehen neue Sichtweisen auf das Geschehen. Eine neue Perspektive trägt zur Verständlichkeit der Handlung bei. Das Komponieren vielfältiger Erzähllinien, die an die Prämisse heranführen, ähnelt wissenschaftlichen Arbeitsmethoden. Bei einer sich stetig einem Ziel nähernden Erzählform engen sich Beschreibungen immer weiter bis zur Endaussage ein. Es entsteht eine Bewegung, deren Linien immer enger verknüpft auf das Ziel des Autors hinlaufen. Geheimnisse erschließen sich aus der sich nach und nach ergebenden Folgerichtigkeit dieser Linien. Bei einem Stil, der aus möglichst vielen verschiedenen Richtungen oder unter Berücksichtigung zahlreicher Aspekte die Prämisse zu bestätigen sucht, machen unterschiedliche Annäherungen sie erkenntlich, indem mit Episoden gearbeitet oder (Hör-)Bilder collagiert werden. Es ergibt sich eine sternförmig fokussierte Annäherung. Das bedeutet, dass die einzelnen Bestandteile von Collagen oder Episodenkompositionen so transparent im Hinblick auf die Prämisse sind, dass diese sich durch Adduktionen nach und nach voll erschließt.

Im Kapitel »Präsentation« wurden bei Fragen der Informationsvermittlung einige Faktoren genannt, die zur Verständlichkeit von Zusammenhängen beitragen, wie die Wiederholung, die Doppelung von Information durch verschiedene medientechnische Mittel und ihre Herausstellung durch das Aufeinanderprallenlassen von Gegensätzen. Wichtig für die Verständlichkeit ist in diesem Zusammenhang auch, dass Informationen mit sichtbarem oder sichtbar werdenden Grund verabreicht werden, sonst bleibt unverständlich, warum sie gegeben wurden. Auch dass Konflikte bis zu einem zufriedenstellenden Ende ausgetragen werden, und sei es die Klärung, das sie unlösbar sind, ist ein Gebot der Verständlichkeit, denn sonst bleibt die Irritation, warum sie aufgeworfen wurden, zurück.

Der Einsatz verschiedener medientechnischer Mittel ermöglicht unterschiedliche Zugangsweisen auf das Geschehen. Die formalgestalterische Informationsverteilung wechselt. In einer kurzweiligen Geschichte folgen längere auf kürzere Szenen unterschiedlichen Charakters. Stimmungsbeschreibungen und Aktionen schaffen Bewegung, so dass Geist und Emotionen vielfältige Anhaltspunkte gegeben werden.

Verständlichkeit beruht auf dem sich Mitteilen der Autoren. Sie bringen die Gefühle, die sie zum Erzählen einer Geschichte oder Bearbeiten eines Themas angeregt haben, zum Ausdruck, indem sie eine fingierte Lebenssphäre, symptomatisch für das sie angeregt Habende, erdenken. Sie dient als Deutungsvorgabe für Vorder- und Hintergrund der Darstellung. Die Sinnhaftigkeit der Komposition bedingt das Verständnis einer Handlung oder Abhandlung. Dies gilt sowohl für die mediengerechte Präsentation als auch für den inhaltlichen Aufbau selbst. Das erzählerische Anliegen wird beim Auftauchen neuer Perspektiven eingebracht. Der Lauf verschiedener

Erzähllinien erschließt nach und nach die Lösungsabsicht oder die inhaltliche Aussage der Autoren. Dazu gehört, dass angelegtes nicht bedeutungslos wird, sondern im Zuge des Gesamtgeschehens begründbar erscheint.

4.6 Dialog

Das griechische »dia« drückt eine Vermittlung aus. Sie kann objektbezogen, örtlich, zeitlich oder kausal gemeint sein. Das Wort oder Präfix wird u.a. mit durch, während, nach, gemäß, unter Anwendung, wegen, um willen, aus heraus, durch hin übersetzt. Ein Dialog ist ein Ausdruck vermittels der Rede. Dialog bedeutet Wortwechsel, Unterredung oder Gespräch, in dem Meinungen aufeinandertreffen. In einem Dialog kommen stets mehrere Ansichten zur Sprache. Zusammengenommen vermitteln sie eine Aussage, ergeben Sinn und Inhalt und offenbaren eine Bedeutung.

Wenn eine Person spricht, dann will sie nicht nur etwas, sondern auch sich vermitteln. Für Autoren stellt der Dialog eine Möglichkeit dar, das, was sie sagen wollen, gleichzeitig personifiziert und sachlich ausdrücken zu können. Er ist durch diese Kopplung, als inhaltlicher und als Ausdruck eines Selbst, ein starkes dramaturgisches Mittel. Der Dialog bietet Autoren darüber hinaus die Möglichkeit, ihr Anliegen auf mehreren Ebenen gleichzeitig mitzuteilen. Diese Ebenen sind der eigentliche Wortsinn, das in Stimme, Tonfall, Wortwahl, Haltung und Mimik beim Sprechen liegende sinnlich Erfassbare sowie die metaphysische Ebene, also die Gründe, die hinter dem Dialog stecken und zu ihm geführt haben. Um diese Ebenen wahrzunehmen, ist dramaturgisch gestaltete Sprache von der vorausgehenden Grundidee inspirierte Sprache.

Ein dramaturgisch gestalteter Dialog ist in der Regel nicht in direkter Sprache verfasst, die lediglich das ausdrücken würde, was die Figur gerade denkt. Seine sprachlichen Äußerungen sind nicht unmittelbar, sondern mittelbar. Ein Dialog ist angeregt von der Intention seines Urhebers, die in einzelnen Dialogpassagen und durch die Gesprächspartner sich in verschiedenen Ansichten vermittelt. Er ist konkret, indem er die Prämisse bzw. Aspekte von ihr in einer bestimmten Aussage verdichtet. Das Niveau dieser Verdichtung richtet sich zum einen nach der Kapazität, die den Sprechenden für ihren Ausdruck zur Verfügung gestellt wird, und zum anderen nach der inhaltlichen Tiefe und Komplexität des Plots. Es zeigt sich also, dass für das Formulieren von Dialogen Eigenschaften der Figuren möglichst präzise ausgearbeitet vorgedacht sein müssen, die geeignet sind, das inhaltliche Vorhaben in verschiedenerlei Weise und unter unterschiedlichen Gesichtspunkten zu vermitteln.

Als Dialog wird sowohl der gesamte Sprechteil eines Films oder Hörspiels bezeichnet wie auch die einzelnen Gespräche in Szenen. Liegt ein Treatment bzw. ein narrativer Handlungsentwurf vor, wird überlegt, was durch die Sprache und was durch andere medientechnische Mittel ausgedrückt werden soll. Wie im Kapitel »Medienspezifische Mittel« beschrieben, ist der Dialog in auditiven Medien gewöhnlich von größerem Gewicht als in audiovisuellen Medien, weil Teile der in der Realität optisch wahrgenommenen Eindrücke in die Sprache transferiert werden und auch alle anderen sinnlichen Wahrnehmungen in akustische Signale, die auch sprachliche Mittel einschließen, übersetzt werden.

Das Hörspiel kennt unterschiedliche Sprechformen. Es kann nicht dialogisch (also nicht als Gespräch mit Rede und Gegenrede) verfasst sein oder dialogisch. Nicht dialogische Formen sind solche, in denen nur ein bzw. mehrere Erzähler auftauchen, figurengebundene oder anonyme Stimmenspiele oder Monologe, die entweder von einer Stimme bestritten werden, oder bei denen mehrere Stimmen inhaltlich isoliert nebeneinander stehen. Als nicht dialogisch können auch Formen bezeichnet werden, in denen ein Dialog komponiert ist aus Stimmen oder Äußerungen, die unabhängig voneinander entstanden sind. Dialogische Sprechformen sind zwischenmenschliche Gespräche, aber auch innere Dialoge oder Gespräche mit nichtmenschlichen Wesen. Sie können eine Handlung oder ein Geschehen direkt herstellen oder es erzählend beschreiben.

Im Film hat das Visuelle gewöhnlich den Vorrang vor der Sprache. Dies bedeutet jedoch auch, dass Anweisungen für sichtbare Botschaften im Dialog nicht ausschließlich der Regie überlassen werden, sondern an wichtigen Stellen auftauchen. Es wird zunächst einmal abgewogen, was sich am geeignetsten durch Sprache und was sich bildlich oder durch Geräusche, Musik usw. ausdrücken lässt. Neben der Berücksichtigung technischer Bedingungen entscheiden sich an dieser Stelle auch Stilfragen. Der Entschluss, was durch Gespräche ausgedrückt werden soll, wird im szenischen Entwurf, dem Szenario, getroffen. Im Szenario wird bestimmt, wann welche Figuren auftreten, und ihre Teilabsichten und ihre Aufgaben werden Szene für Szene, Sequenz für Sequenz festgelegt. Wie Erzähllinien szenisch ineinandergreifen und Informationen verteilt werden, wo Antizipation entstehen wird, entscheidet sich. Das Szenario ist das medienspezifisch ausgerichtete Handlungs- oder Geschehensgerüst für ein Hörspiel oder einen Film. Es unterscheidet sich von einem Verlaufsplan oder Treatment durch die Einteilung der Handlungsschritte oder Episoden in Szenen.

Im Anschluss daran werden die einzelnen Szenen ausgeführt, das szenische Schreiben beginnt. Dessen umfangreichster Teil ist meistens der Dialog. In der Film- und Fernsehproduktion ist es mittlerweile üblich, dem Gewicht, das dem Dialog beim Drehbuchschreiben eingeräumt wird, Rechnung zu tragen, indem Dialogbücher verfasst werden. Sie basieren auf dem Szenario und den Biografien der auftretenden Personen und beinhalten ausschließlich die Dialoge. Besonders bei Serienproduktionen werden Dialogautoren beschäftigt.

Vor dem Schreiben eines Dialogs wird überlegt, welche Anliegen, welche Teilabsichten die Beteiligten dazu treiben, sich zu äußern, und welche Ziele sie verfolgen. Damit Personen und damit Meinungen verständlich und einprägsam zur Geltung kommen, agieren die Gesprächsteilnehmer unter maximalem Ausdruck ihrer Eigenschaften. Wenn sie glaubhafte und mitreißende Personen mit überzeugendem Charakter sind, führen sie deshalb indirekte Dialoge. Das kontrastierte Zusammenspiel sowie die charakterliche Prägung der Einzelnen ergibt, wie sie jeweils am besten vorgehen, um ihre Ziele zu erreichen, ob sie z.B. witzig, charmant, lebhaft oder schüchtern, zurückhaltend oder unbarmherzig vorpreschend auftreten. Die Metaebene des indirekten Dialogs offenbart Rezipienten mehr über die Person, als sie sagt, und es kann über sie eine Vielzahl von Informationen eingebracht werden, die nicht explizit ausgesprochen werden. Ihr Inneres, ihr Charakter, die Hintergründe ihrer Rede werden in der Art des Gesagten, in der Wahl der Formulierung sichtbar.

Bei der Arbeit an einem Feature bedingen sich inhaltliches Anliegen und Wahl der Personen, die es ausdrücken, genau wie bei der Entwicklung fiktiver Geschichten. Gesprächspartner werden sowohl nach inhaltlichen Schwerpunkten oder Aspekten als auch nach ihrer biografischen Prägung, ihren Ansichten ausgesucht. Autoren bereiten sich auf ihre Gesprächspartner vor, indem sie inhaltliche Standpunkte recherchieren oder gedankliche Traditionen ausmachen, in denen ihr Partner steht. Im Vorgespräch bzw. zu Beginn des Treffens werden charakterliche Merkmale und die Stimmung des Gegenübers eingeschätzt. Im Gesprächsverlauf werden hervorstechende Eigenschaften oder Haltungen hör- oder sichtbar gemacht, indem der Interviewer auf die Emotionslage des anderen eingeht oder die Kamera emotionale Äußerungen festhält. Auch hier wird die Kopplung von persönlicher Darstellung und sachbezogenem Inhalt für die Wirkung genutzt. Die Metaebene des Gespräches wird beobachtet und, das ist besonders im Hörfunk wichtig, wo sie sich nicht visuell mitteilen kann, unter Umständen thematisiert. Der Interviewer teilt Beobachtungen mit, beispielsweise, wenn jemand bei einer bestimmten Frage angefangen hat, nervös mit seinem Stift zu spielen. Hierbei darf nicht der Eindruck der Diffamierung oder Bloßstellung hinterlassen werden, es erweckt Vertrauen, wenn das Mikrophon für eine solche Bemerkung ausgeschaltet wird. Kann der Interviewer dagegen Wissbegierde und Anteilnahme vermitteln, hat er gute Chancen, dass sich die Persönlichkeit seines Gegenübers entfaltet. Das Eingehen auf reale Gesprächspartner entspricht der Mühe, die beim Vordenken fiktiver Charaktere aufgebracht wird.

Beim Zusammenschreiben eines Features werden mitunter aus Statements verschiedener Interviews Dialoge konstruiert, die nicht unbedingt moderiert werden. Ansichten werden nebeneinander gestellt, verschiedene und verschiedenartig vertretene Ziele wechselweise arrangiert. Ebenso wie bei einem echten Dialog ergibt dies eine fortschreitende Erörterung, die an ein inhaltliches Ziel gelangt und die Deutung des Autors verständlich macht. Voraussetzung dafür ist, dass zu jedem Teilaspekt des Themas mehrere Ansichten eingeholt werden, dass also inhaltliche Schwerpunkte in die Fragenkataloge eingehen.

Im Sprechteil einer Spielhandlung oder eines Features nutzen Autoren die Möglichkeiten der inhaltlichen Vermittlung (was einer sagt), der Charakterdarstellung (wie einer etwas sagt), der antizipatorischen Gestaltung (wann einer etwas sagt) und der räumlichen Einordnung (wo einer etwas sagt). Um diese Bedeutungsebenen zur Wirkung zu bringen und die Rede mit anderen dramaturgischen Ausdrucksmitteln zu verbinden, ist der Dialog in der Regel in indirekter Sprache verfasst. Das Schreiben des Dialogs oder die Komposition von Originaltönen bzw. -aufnahmen ist szenisches Schreiben bzw. abschnittweises Gestalten. Mit dem Dialog wird der Handlungs- bzw. Geschehensablauf ineinander greifend festgeschrieben.

5. Spannung

5.1 Neugier und Zweifel

> »Es war ein alter Mann, der allein in einem kleinen Boot im Golfstrom fischte, und er war jetzt vierundachtzig Tage hintereinander hinausgefahren, ohne einen Fisch zu fangen.« (Hemingway, 417)

Bereits im ersten Satz seiner Geschichte vom alten Mann und dem Meer erzeugt Ernest Hemingway die ganze Spannung des Folgegeschehens seiner Erzählung. Allein dieser Satz macht deutlich, dass nun dort draußen auf dem Meer etwas passieren wird, und zwar etwas Besonderes, etwas Einmaliges, etwas, das geeignet ist, eine Geschichte zu entwickeln. An die drei Monate hatte der Alte erfolglos gefischt. Dieses Mal, von dem die Geschichte erzählt, wird es anders sein.

Hemingway setzt mit diesem ersten Satz etwas Selbstverständliches voraus, nämlich die Erwartung seiner Leser, dass nur einer etwas erzählt, wenn er etwas zu erzählen hat. Erzählt wird das Besondere, das Auffällige, das, was nicht ohnehin erwartet wird, sondern im Gegenteil das, was nicht gewusst oder vorhergesehen wird. Wer erzählt, lässt etwas wissen. Und wer liest, sich einen Film ansieht oder ein Hörspiel oder Feature eingeschaltet hat, hat sich darauf eingelassen, etwas erfahren zu wollen. Zumindest, und diese Einschränkung betrifft moderne Fernseh- oder Radiohörgewohnheiten, ist er nicht abgeneigt, sich von etwas fesseln zu lassen. Hemingway geht mit seinem ersten Satz davon aus, dass seine Leser geneigt sind, Neugier zu entwickeln, und bietet ihnen einen konkreten Sachverhalt, auf den sie ihre Neugier richten können. Der erste Satz drückt eine defizitäre Situation aus. Ein Fischer fischt wochenlang nichts. Er entbehrt etwas, nämlich seinen beruflichen Erfolg, und, da er alt ist und trotzdem noch fischt, vermutlich auch die Grundlage seines Lebensunterhalts. Der erste Satz beschreibt einen in Schwierigkeiten geratenen Mann. Das ist noch nicht spannend, aber die Situation ist nicht zufriedenstellend, es ist ein Bedarf der Änderung angezeigt. Hemingway weckt die Neugier, wie dieser Mann mit seinen Schwierigkeiten umgehen oder fertig werden wird.

Es zeichnet diesen Einstieg aus, dass er mehr bewirkt, als zunächst einmal Neugier zu wecken. Wenn dieser Mann fast drei Monate nichts gefischt hat, täglich unverrichteter Dinge heimgekehrt ist, dann steht sein Ziel fest: Er will etwas fangen. Und der Erzähler, der an einem bestimmten Tag, nämlich dem fünfundachtzigsten, einhakt, setzt diesen Punkt ja nicht willkürlich. Es ist zu erwarten, dass der alte Mann an diesem Tag entweder etwas fangen wird oder etwas passiert, dass ihn endgültig aufgeben lässt. Die sich darin ausdrückende Polarisierung bewirkt beim Leser einen Zweifel, ob der alte Mann sein Ziel erreichen wird oder nicht. Der Leser befindet sich im Ungewissen, eine für ihn unbefriedigende Situation, die ihn treibt, Gewissheit zu erlangen, also die Geschichte zu verfolgen. Er ist nicht mehr gleichgültig, sondern in Spannung versetzt. Somit lässt sich Spannung als ein aus der Geschichte an den Rezipienten weitergegebenes defizitäres Gefühl beschreiben.

Im Einstieg der meisten Filme, Hörspiele oder Features wird eine defizitäre Situation vorbereitet, indem aus einem ruhigen, zufriedenstellenden Zustand ein unruhiger oder bereits beunruhigender hergestellt wird. Dies geschieht durch eine Störung, einen Anstoß, der den Hauptkonflikt entstehen lässt, auf jeden Fall durch etwas, das kommende Schwierigkeiten ahnen lässt oder eine problematische Situation anzeigt. Die Neugier der Rezipienten, nämlich das Begehren, diese neue Situation sich bekannt zu machen, wird entfacht. Sie bindet die Aufmerksamkeit an das, was der Erzähler als relevant empfindet, und ist eine mögliche Voraussetzung für Spannung. Das Begehren, sich eine neue Situation bekannt zu machen, ist ein Gefühl, das kognitive Denkvorgänge auslöst. Sie erhalten Nahrung, wenn ein Erzähler seine mit der Problematik verbundene Idee, also das, was ihn bewegt, ausführt, indem er eine erste Absicht einer oder mehrerer Personen entwickelt. Diese Absicht trifft in einer Weise auf die beschriebene Schwierigkeit, die auf ihre Beseitigung hinzielt. Mit der Formulierung eines ersten konkreten Zieles wird die Neugier vom Gefühl des Zweifels abgelöst, ob dieses Ziel erreicht oder verfehlt wird, handlungsspezifisch ausgedrückt, ob eine Absicht verwirklicht oder vereitelt wird. In der Verfolgung von Absichten liegt die Möglichkeit zur Spannung. Spannung beginnt dann, wenn eine Absicht auf Schwierigkeiten stößt. Handlungsspezifisch ausgedrückt ist Spannung nichts weiter, als der Zweifel, ob eine Absicht ihr Ziel erreicht, manchmal auch wie. Eugene Vale formuliert in »Die Technik des Drehbuchschreibens für Film und Fernsehen« den Unterschied und das Verhältnis zwischen Neugier und Spannung so:

> »Neugierde entsteht, wenn der Zuschauer nicht weiß, was die Filmfigur beabsichtigt und Spannung, wenn er nicht weiß, ob die Absicht verwirklicht oder vereitelt wird.« (Vale, 175)

Bei einem Feature treten gewöhnlich unterschiedliche Ansichten und Meinungen zutage, aus denen ein Gesamtbild gewebt wird. Entsprechend einem Handlungsaufbau, in dem verschiedene Absichten aufeinandertreffen, werden in einem Feature thematische Probleme fortschreitend differenziert und unter verschiedenen Vorzeichen dargestellt. Jede einzelne Stellungnahme erfolgt aus einem anderen persönlichen Engagement heraus. Mit zunehmender Informationsdichte ändern sich die Antizipationen der Rezipienten im Hinblick auf das Bild, das sich am Ende ergeben wird, immer wieder. Das Thema erscheint in unterschiedlichem Licht. Das schafft eine komplizierte, kontrastierte Situation, von der die einzelnen Stimmen jedoch nicht wissen, denn die Mischung nimmt der Autor im Nachhinein vor. Es entsteht eine künstliche Situation, eine fiktive Dramatik, bei der Rezipienten schnell mehr wissen als die Beteiligten.

Durch die Montage im Hinblick auf die Rezeption ergibt sich also eine Auseinandersetzung mit dem Thema unter verschiedenen Kenntnisebenen. Am wenigsten wissen die auftretenden Personen, etwas mehr ein Rezipient, der sein Bild am jeweiligen Stand der Dinge entwickeln und überprüfen kann. Am meisten weiß der Autor, der sein Informationsziel am Ende der Sendung kennt und kognitive Denkprozesse bei Rezipienten in Gang setzt und durch seine Montage/Montagetechnik, auch den Einsatz eines oder mehrerer Erzähler (Sprecher, Moderator), steuert. Rezipienten werden nicht vorhersehbaren, aber erahnbaren Ansichtswechseln ausgesetzt, sie antizipieren sie. Zugleich erwarten sie inhaltliche Bestätigung ihres Mehrwissens gegenüber auftretenden Personen im Hinblick auf deren Bestätigung oder Widerlegung. Der eigene Wissensvorsprung und die dadurch hervorgerufene Antizipation ist verbunden mit der Ungewissheit, welche Wendungen im Diskurs des Features eintreten.

Kern einer Erzählung ist etwas Besonderes, Auffälliges. In ihrem Einstieg machen Autoren darauf aufmerksam, indem sie ein mit dem Besonderen zu verknüpfendes Problem aufwerfen, eine defizitäre Situation schildern, eine Störung inszenieren oder eine Bedrohung eines als gewöhnlich oder harmonisch empfundenen Zustands nahe legen. Sie erwecken Neugier auf ein Geschehen. Sie sorgen dafür, dass die Neugier mit einem Zweifel verbunden wird, indem sie Rezipienten in Ungewissheit versetzen, was passieren wird. Ein Anliegen wird formuliert, das in Disharmonie oder Gegensatz zum Ausgangszustand steht und mit dem Aufwerfen des ersten Problems einhergeht. Die geschaffene Kausalität zwischen Neugier und Zweifel wird auch in der weiteren Komposition genutzt, indem eine Handlung oder Abhandlung Wendungen erfährt, die immer wieder Unklarheit darüber schaffen, wie etwas weitergeht oder gelöst wird. Damit wird das Bedürfnis von Rezipienten, Klarheit zu erlangen, angesprochen.

5.2 Peripetie

In der im letzten Kapitel angesprochenen Erzählung »Der alte Mann und das Meer« eröffnen sich zwei Perspektiven. Nämlich die, dass der alte Fischer einen Fang machen wird, und die, dass er endgültig aufgeben muss. Auf den ersten Blick scheint es logischerweise nur diese beiden gegensätzlichen Möglichkeiten der Entwicklung zu geben. Dass sich in der Erzählung sowohl bewahrheitet, dass der alte Mann etwas fängt, als auch, dass er scheitert, aber nicht, dass er endgültig aufgibt, ist eine unerwartete Entwicklung, die die Dramatik der Geschichte ausmacht. Diese Entwicklung wird möglich durch plötzliche Wendungen des Schicksals. Der alte Mann fängt nicht nur einen Fisch oder mehrere, sondern den größten Fisch, den er und seine Kollegen je zu Gesicht bekommen haben. Sein Schicksal ist umgeschlagen. Er ist nicht mehr der glückloseste unter ihnen, sondern der glücklichste. Ein solcher Umschlag des Geschehens wird Peripetie genannt. Nach Aristoteles ereignet sich die Peripetie »nach den Gesetzen der Wahrscheinlichkeit oder Notwendigkeit«. (Aristoteles, 43) Das Schicksal des alten Mannes schlägt noch einmal um, als Haie kommen und das Fleisch des Fisches bis auf das Gerippe abfetzen. Der erste Umschlag ist für die Handlung ein notwendiger, er verleiht der Geschichte des alten Mannes handlungsspezifisch Relevanz. Der zweite Umschlag ist ein wahrscheinlicher, (der alte Mann hat das Kommen von Haien bereits befürchtet), und zwingt den Fischer, sich die Realität seines Alters einzugestehen. Der zweite Umschlag sorgt dafür, dass sich die Geschichte anders entwickelt, als von Anfang an als Möglichkeit vorhersehbar.

Punkte, in denen der zentrale Konflikt dergestalt auftaucht, dass sich überraschende Ausblicke eröffnen oder verborgen angebahnte Änderungen wirksam werden, sind Wendepunkte oder Umschwünge, weil sich durch eine Entscheidung oder neu zu bewertende Sachlage wieder neue Perspektiven eröffnen und die Handlung eine neue Richtung nimmt. Auch bei der Gliederung von Features werden Wende- oder Höhepunkte eingeplant. Häufig sind das besonders konträre Ansichten, die einander gegenübergestellt werden oder auch ergreifende Beschreibungen, die zu einer anderen Sicht auf die Dinge nötigen. Der Wechsel zwischen informierenden, erklärenden Passagen und Enthüllungen, die die zentrale Frage in neuem Licht erscheinen lassen, trägt dazu bei, Rezipienten in Atem zu halten.

Peripetie ist insofern ein Mittel der Spannung, als sie dazu veranlasst, sich noch einmal neu und anders mit dem Geschehen auseinanderzusetzen. Ein Schicksalswechsel kann erst stattfinden, wenn bereits ein Schicksal seinen Lauf genommen hat, Bindungen zwischen Figuren und Geschichte hergestellt sind, und Rezipienten auch emotional in die Geschichte eingebunden sind. Peripetie bringt daher nicht nur ihre Gedanken in Bewegung, sondern auch ihre Gefühle, verbunden mit der Identifikation, in Wallung.

Aristoteles beschreibt Peripetie dann als besonders bedeutsam, wenn sie mit Erkennung verbunden ist, wenn Personen einhergehend mit dem Umschlag einer Begebenheit vom Nichtwissen zum Wissen gelangen. (Aristoteles, 45) Die Bedeutung der Peripetie äußert sich dann nicht nur im Staunen der Rezipienten und den gravierenden Folgen für das Geschehen, sondern auch in der unmittelbaren Angegriffenheit auftretender Personen in ihrer Sicht auf sich selbst. An dem Punkt, wo Ödipus erkennen muss, dass er seine Mutter geheiratet hat, schlägt nicht nur sein Schicksal ins Tragische um, sondern er erkennt diese Zwangsläufigkeit im selben Augenblick. Die Peripetie erfasst den Protagonisten und die Geschichte in ihren Grundfesten.

Das Auftreten der Peripetie ist nicht unbedingt überraschend, nichtsdestotrotz aber plötzlich und im Ergebnis unerwartet und erstaunlich. Peripetie ist ein Moment der Entscheidung. Sie wird herbeigeführt, indem beispielsweise Erzähllinien aufeinandertreffen, deren Ereignisse einander zuwiderlaufen. Sie treffen sich an einem Punkt, an dem eine Information einer Erzähllinie den Erzählvorgang der anderen unabweislich abbricht und verkehrt. Peripetie ist auch dann möglich, wenn ein wichtiges Vorhaben eines Protagonisten auf ein Hindernis stößt, das unvereinbar mit seinen tragenden Absichten ist, sie zunichte macht, ihn aus der Bahn wirft und ihn zu plötzlichem völligen Umdenken zwingt. Wenn sich Figuren unterschiedlich entwickeln und nach einer solchen Phase erneut aufeinandertreffen, ist dies eine Möglichkeit krasser Selbsterkenntnis vor dem Spiegel des Gegenübers, in dem sich einer selbst nicht mehr als Alter sieht, sondern als Neuer erkennen muss. Ist diese Erkenntnis mit einer gravierenden Entscheidung verbunden, die eine persönliche Wende einer Hauptfigur darstellt, kann von Peripetie gesprochen werden.

In Kriminalgeschichten haben Wendepunkte des Geschehens häufig schicksalhaften Charaker, geht es doch um Leben und Tod. In dem Kriminalhörspiel »Briefwechsel mit einem Schwein« von Peter Jacobi gibt es zwei Wendepunkte. Hella, Erbin ihres Onkels, und ihr Mann Georg erwarten in der Jagdhütte des zu Beerbenden Hellas Kusine Lizzy, ebenfalls Erbin. Hella hat Georg angestiftet, Lizzy aus dem Weg zu räumen. Sie diktiert ihm einen Abschiedsbrief, den die kurzsichtige Lizzy mit anderen Erbdokumenten unterschreiben soll. Aber sie hat auch noch eine Abrechnung mit ihrem untreuen Ehemann. Die Mordwaffe dient ihr dazu, ihm Geständnisse über seine Liebhaberinnen abzupressen, von denen sie Spuren im Jagdhaus gefunden hat. Sie bedroht ihn, er macht sie nur immer noch wütender. Als es klingelt, geht sie zur Tür und schießt sofort. Erst als sie geschossen hat, sieht sie, dass sie einen völlig fremden Mann getötet hat. Sie will, dass Georg mit ihr die Leiche entfernt, denn Lizzy sollte jeden Moment eintreffen. Georg lacht, führt sie ins Wohnzimmer, öffnet der wartenden Lizzy die Terrassentür, und es stellt sich für Hella heraus, dass Georg und Lizzy gegen sie gemeinsame Sache gemacht haben. Der Erschossene ist des Onkels unehelicher Sohn und wäre Alleinerbe gewesen.

Georg   Da uns klar war, dass du nur aus einer deiner überschießenden Gefühlsaufwallungen heraus töten würdest, mußten wir eine derartige Gefühlsaufwallung in dir erzeugen. (Jacobi, 19)

Hella, die sich bis eben noch als künftige Alleinerbin wähnte, sieht sich nun zur vorsätzlichen Mörderin verurteilt. Lizzy und Georg präsentieren sich Hella als künftiges Ehepaar. Als Hella im Keller eingesperrt ist, bittet Lizzy Georg noch auf ein Abschiedsschlückchen. Er nimmt Schnaps, sie greift zum Wein. Dann hält sie ihm seine Seitensprünge vor und sagt ihm, während ihm schlecht wird, dass sie nicht daran denke, ihn jemals zu heiraten, und dass sie durch Hella mitbekommen hätte, dass er nach getaner Arbeit gern ein Schnäpschen trinke.

Lizzy   Ich habe durch die Terrassentüre was gesehen, was du nicht gesehen hast: Ich habe gesehen, wie deine liebe Hella, die nach deiner Einschätzung nur fähig sein soll im Affekt zu morden, ein paar Tabletten in der Obstlerflasche aufgelöst hat. Das Zeug sah ziemlich giftig aus. (Jacobi, 21)

Georg, der sich als Ehemann der attraktiven Lizzy und als Miterbe gesehen hat (Lizzy hatte ihm einen Wechsel auf das halbe Erbe ausgestellt), muss sterben und noch mit anhören, was Lizzy geplant hat, die den ursprünglich für sie getippten Abschiedsbrief aus der Schreibmaschine zieht:

Lizzy »Ich war zu schwach, zu träg, zu feige...« Paßt doch wie die Faust aufs Auge. LIEST DEN TEXT ÜBERFLIEGEND RASCH WEITER »Etwas mehr Charakterstärke und es wäre niemals zu dieser Katastrophe gekommen.« ZU GEORG Die Polizei wird annehmen, du hast deine Frau bei dem Mord überrascht, entwaffnet und gefesselt und anschließend vom Horror des Geschehens überwältigt Suicid begangen. (Jacobi, 22)

Die Peripetie trägt dieses Hörspiel, das vom Stoff her ein reines Unterhaltungsstück ist. Es geht nicht um Moral (die gerissene Mörderin Lizzy bleibt ungeschorene Siegerin) oder um einen tragischen oder inhaltsschweren Hintergrund, denn das Motiv aller Anschläge ist pure Habsucht. Was dieses Hörspiel spannend macht, sind die plötzlichen Wendungen, wie sie auch bei vielen Komödien, z.B. Verwechslungskomödien, die Handlung tragen.

Peripetie ist nicht zu verwechseln mit der ersten Störung, die eine Handlung einleitet. Peripetie als Schicksalswende trifft Figuren erst, wenn sie sich bereits entwickelt haben. Im Gegensatz zur ersten Störung, die für Rezipienten willkürlich scheint, erweist sich Peripetie im Moment des Geschehens als notwendig oder zumindest folgerichtig. Peripetie ist ein handlungsspezifisches dramaturgisches Mittel. In Anleitungen zum Drehbuchschreiben wird sie als Dreh- oder Wendepunkt, Plot Point oder Midpoint Scene in vorgezeichnete dramaturgische Schemata eingebaut. Es gibt aber durchaus spannende Filme, die nicht in solche nach Wendepunkten orientierten Schemata passen. In eher beschreibenden Darstellungen erfolgen Wendungen des Geschehens mitunter sehr langsam und subtil, Peripetie taucht nicht auf.

Peripetien sind Erzählmomente, in denen eine Handlung bzw. ein Schicksal eine Wendung nimmt. Peripetie sorgt für neue Perspektiven, sie schafft eine veränderte defizitäre Situation oder aber am Ende einer Darstellung die Lösung. Peripetie kann herbeigeführt werden durch das Aufeinanderprallen zuwiderlaufender Ereignisse, menschlicher Standpunkte oder dadurch, dass ein wichtiges Vorhaben oder eine Lebenseinstellung auf ein Hindernis treffen, das sie zunichte macht.

5.3 Vollendung

Peripetie ereignet sich im Hinblick auf das Ganze, auf Vorstellungen von Endergebnissen. In seiner Wendung eröffnet sich der Ausblick auf die Vervollkommnung des Geschehens. Albert Camus schreibt in »Der Mensch in der Revolte«, dass es das Bemühen der hohen Literatur zu sein scheint, geschlossene Welten oder vollendete Typen zu schaffen. Dies ist ein Hinweis auf die Spannungsformen in dieser Literatur. Das Interesse an Vollendung und an Idealtypischem und Romantischem bestimmt den Spannungsablauf. Das Ungeklärte, Unvollständige der Details soll sich zu einem gerundeten Ganzen fügen. Ob nun im Negativen oder Positiven, mit Happy End oder ohne: Die Spannung erzeugt sich durch die Auswirkung der einzelnen Handlungssequenzen auf das Ganze und den in den Teilen bereits angelegten Schluss. Anders als im Leben selbst findet sich z.B. im Roman die Wirkung in ihrer Vollendung nachgezeichnet. So heißt es weiter bei Camus:

> »Das Abendland gibt sich in seinen großen Schöpfungen nicht damit zufrieden, sein tägliches Leben nachzuzeichnen. Unaufhörlich hält es sich Bilder vor Augen, die es berauschen, und macht sich an ihre Verfolgung.« (Camus, 210)

Das Nichtalltägliche bestimmt die Verlockung, den Nervenkitzel, den Reiz des Besonderen. Spannung ist unter diesem Gesichtspunkt eine Formel für Eskapismus, ein Fluchtversuch aus dem Alltagsgeschehen. Doch das reicht für eine Erklärung dessen, worauf Spannung abzielt, selbstverständlich nicht aus. Für Camus ist das Interesse an Weltflucht zugleich ein Versuch, sich in der Welt zu beheimaten, an der Wirklichkeit zu partizipieren.

> »In Wirklichkeit hängen die Menschen an der Welt, ihre große Mehrheit wünscht nicht, sie zu verlassen. Weit entfernt davon, sie immer zu vergessen, leiden sie im Gegenteil daran, sie nicht genug zu besitzen; sonderbare Weltbürger, Verbannte in ihrer eigenen Heimat.« (Camus, 211)

Und dieser Hang nach Besitz sei nur eine andere Form des Wunsches nach Dauer. Die Welt des Romans sei nur die Korrektur dieser Welt hier.

> »Wir haben hier also eine Welt der Einbildung vor uns, geschaffen durch die Korrektur der unsrigen, eine Welt, in der Schmerz, wenn er will, bis zum Tod dauern kann, in der die Leidenschaften niemals abgelenkt werden, in der die Wesen einander immer gegenwärtig sind.

> Der Mensch gibt sich hier schließlich selbst die Form und die beruhigende Grenze, die er vergeblich in seinem Leben verfolgt.« (Camus, 214)

Spannung weist demnach auf ein Bedürfnis nach Kontinuität, Dauer und ästhetischer Einheit hin. Moderner formuliert geht Spannung von jenen defizitären Lebensmomenten aus, die das Sozialleben der Menschen prägen und im dramaturgischen Gefüge des Romans oder eben auch Spielfilms oder Hörspiels ihren Ausdruck finden. Spannung im Kunstwerk geht aus von den Spannungen der Wirklichkeit und beinhaltet ein Bedürfnis nach Überwindung dieser Spannungen in Form einer sie gleichzeitig fliehenden Auseinandersetzung mit ihnen.

Künstlerische Vervollkommnung schlägt in ihr Gegenteil um, wenn sie voyeuristisch betrieben wird; wenn intendiert wird, dass einer, der zusieht, genau das, was gezeigt wird, für sich in die Realität umzusetzen versucht. Dies geschieht, wenn das Kunstwerk keine neue Qualität gegenüber der der Realität aufweist, sondern lediglich eine quantitative Schwelle überschreitet, wenn die Transformation der Realität in künstlerische Vorstellung fehlt. Spannung beruht dann auf der Manipulation von Wirklichkeit hin zu ihrer Vervollkommnung. Die Idee, die die Wahrheit erklärt, fehlt zugunsten ideologischer Verklärung der Wahrheit. Zu einem künstlichen Produkt in diesem Sinne hat sich der Sänger Michael Jackson stilisiert, der als Legende von sich selbst auf der Bühne steht, als Sänger, der immer weißer geworden ist, auf wunderbare Weise, wie er beteuert. Die Spannung durch Manipulation der Wirklichkeit erfüllt letztlich mit Neid, weil die manipulierte Realität für Rezipienten erreichbar scheint, aber doch unerreichbar bleibt. Eine Vollendung auf gleicher Ebene wird als möglich suggeriert, bleibt ihnen jedoch versagt. Dies führt zu Versuchen, scheinbar reale Welten in die tatsächliche zu übersetzen, die sich in Verbrechen nach Fernsehsendungen äußern oder auch darin, dass Fernsehzuschauer des Begräbnisses der Lady Diana weinend beteuerten, ihnen sei, als hätten sie ein Familienmitglied verloren. Wenn von Hollywood als Traumfabrik die Rede ist, beschreibt diese Benennung das Spannungskriterium des Harrens auf Vollkommenheit oder Vollendung als zeitlichen Ablauf mit Traumqualität. Spannung in Filmen als »Stoff, aus dem die Träume sind«, entsteht dadurch, dass die Wirklichkeit in einer Idee transformiert erscheint, die Relevantes in abstrahierter Form ausdrückt und vollendet. Die Vollendung in der Wirklichkeit darf Illusion bleiben, weil der Besitz der Wirklichkeit nicht angestrebt wird.

Vollkommenheit entspricht einem Idyll. Ein Idyll im wirklichen Leben zu behaupten, ist, wie wenn man das Leben als Erzählung betrachtet, begrenzt in Zeit, Raum und Ansicht, oder auch, wenn man das Leben zu besitzen glaubt. Das faustische »Verweile doch! du bist so schön!« (Goethe, 58) bedeutet im wirklichen Leben den Tod, in der Handlung des Stücks stellt es einen in der idyllischen Aussagekraft exklusiven Rahmen dar.

Spannung lebt von der Teleologie der Verhältnisse. Das Streben nach Vollkommenheit tut sich in Brahms' »Ein deutsches Requiem« kund in dem so eindrücklich ausgesprochenen Begehren, dass das »Leben ein Ziel hat«. Mit der Teleologie zeigt sich ein zweckdienliches Streben nach einem ästhetisch in sich geschlossenen Ganzen. Die Einheit der Verhältnisse ist herzustellen. Triebdynamisch gesehen werden Befriedigungsansprüche erfüllt. Mehr oder weniger triviale Grundmuster werden komplettiert. Ein Beispiel für ein solches Muster ist die Prosaskizze »Ende des Sommers« von Yasushi Inoue:

> »Der Taifun mochte unterwegs geplatzt sein wie ein Luftballon. Jedenfalls begann von Süd nach Nord eine merkliche Kühle auf die Halbinsel einzufließen.
>
> Vielleicht daß deshalb die drei Zugvogelschwärme den Kamm der Berge streiften; daß sich, was immer Wolke war, in Bewegung setzte. Schließlich kam, als es ringsum dunkelte, zum ersten Mal in diesem Jahr mit klarem Gesicht der Mond herauf, und die Millionen Zikaden brachen aus in ein wildes Geschrill.
>
> An diesem Abend oben am Amagi-Berg ist mein jüngerer Vetter, dem ich nie begegnet war, in der Grube einer Götterzeit-Zeder zu Tode gestürzt. Um genau zu sein: zwischen neun Uhr vierzig und zehn. Ein unberechenbarer Zufall, gewiß, und dennoch hatte das Ganze etwas seltsam Bestimmtes.« (Inoue, 37)

Der religiöse Wunsch, dass die Dinge zusammengehören und darin eine Bedeutung sich erschließt, wird beim Aufbau von Filmen, Hörspielen und Features berücksichtigt. Der Filmwissenschaftler Peter Wuss schreibt, dass Erzählen immer mit der Beseitigung von Ungewissheit verbunden sei:

> »Künstlerisches Erzählen kommt dabei aber zugleich einem Bedürfnis des Menschen nach psychischer Aktivität nach, was nahelegt, daß im Erzählvorgang ein gewisses Maß an Unbestimmtheit auch stets wieder kunstvoll hergestellt oder gar provoziert wird. Filmische Narration ist darum grundsätzlich ein Spiel mit der Unbestimmtheit von Ereignisfolgen und umgekehrt ein Spiel mit der Kontrollkompetenz des Rezipienten. Die Erzählstruktur legt dabei gewissermaßen die

Strategie im Umgang mit Emotionalität und Spannung fest.« (Wuss 1993, 104f.)

Spannung ist in der Diskrepanz zwischen der unvollkommenen realen Welt und dem menschlichen Wunsch nach Vollkommenheit beheimatet. Autoren begegnen diesem Wunsch mit dem Angebot einer künstlerischen Vorstellung, die auf Vollkommenheit hinzielt. Die Realität wird in einem Plot transformiert, der Lebenszusammenhänge in abstrahierter Form ausdrückt und in einer idyllischen oder teleologischen Weise vollendet.

5.4 Spiel

Es wird von Spielfilm, Fernsehspiel und Hörspiel gesprochen. Der Begriff des Spiels ist dabei maßgeblich für die in der Darstellungsform selbst angelegten Spannungsmomente. Spiel besagt, dass Spannung zu erwarten ist. In den verschiedenen Darstellungsformen ersetzt die Komponente des Spiels das, was tatsächlich passiert. Das Leben wird im Spiel als gelebte Form von Triebkräften vergegenwärtigt. Erfolg und Versagen, Gewinn und Verlust, Liebe und Einsamkeit bestimmen u.a. die Dramaturgie des Spiels. Der formale Rahmen, in den die Spiele gebracht werden, simuliert das in sich geschlossene Ganze. Und immer leitet sich von der Aussicht auf das Ganze des Spiels das dramaturgisch spannende Geschehen in seinen Teilzusammenhängen ab.

Spannung ist ein anderer Begriff für die Zerreißprobe, der das Geschehen ausgesetzt ist. Die Verhältnisse sind ins Wanken geraten. Gravierendes fehlt. Der Druck nach Veränderung der Verhältnisse bestimmt die Situation.

Die Identifikation mit den Spielfiguren verdeutlicht in der jeweiligen Erlebnisform den Wunsch nach einer Überwindung herkömmlicher Lebensmomente. Über die Figuren selbst werden andere Erfahrungen und Zustände transportiert. Das Hinüberwechseln in ihre Rolle, in ihr Fühlen und Denken versorgt das Bedürfnis nach einem persönlichen Subjektwechsel. Diese Erlebnisverlagerung bestimmt die Attraktivität fast aller gängigen Spielmechanismen. Im Extremfall sind Jahrmarktattraktionen ein gutes Beispiel: In »Die Spiele und die Menschen« schreibt Roger Caillois zu diesem Phänomen:

> »Der Jahrmarkt oder der Vergnügungspark erscheinen als eigentliches Gebiet der schwindelerzeugenden Apparate, der Maschinen der Rotation, der Oszillation, des Schwebens, des Sturzes, die gebaut sind, um ein Durcheinander der Organe hervorzurufen. (...) Doch der

> Rausch gibt den Ton an. (...) Diese organischen Stöße sind mit verschiedenen aufeinanderfolgenden Überraschungen verbunden, die geeignet sind, abzulenken, zu verwirren, Betäubung, Angst und Übelkeit hervorzurufen, einen vorübergehenden Schrecken, der sich rasch in Lachen verwandelt, so wie sich vorher die körperliche Gleichgewichtslosigkeit beim Verlassen der infernalischen Maschine sofort in eine unaussprechliche Erleichterung umsetzt. (...) Alles bleibt Spiel, das heißt, bleibt frei, abgetrennt, begrenzt und verabredet. Zunächst der Rausch und die Trunkenheit, der Schrecken, das Mysterium. Die Sensationen sind zuweilen fürchterlich brutal, aber die Dauer sowie die Intensität der Betäubung sind von vornherein bemessen. Im übrigen weiß jedermann, daß die erheuchelte Phantasmagorie dazu ausersehen ist, ihn vielmehr zu amüsieren als wirklich zu mißbrauchen. (...) Das Vergnügen besteht in der Erregung und der Illusion, im gewollten Ausnahmezustand, in aufgefangenen Stürzen, ungefährlichen Stößen, harmlosen Kollisionen.« (Caillois, 151-154)

All dies ist wie im Kino. Caillois zitiert in einem anderen Beispiel einen Artikel der Le-Monde-Korrespondentin Eva Freden über völlig planlose, immer wiederkehrende Unruhen in Stockholm, bei denen Jugendliche randalierten, ohne dass ein erkennbarer Grund für oder gegen etwas oder jemanden vorliegen würde. Fredens Interpretation mag zeigen, welche individualpsychologischen und soziologischen Verhältnisse diese in Spiel und Spannung angelegten Erlebnisformen einschließen. Sie schreibt:

> »Wie ihre amerikanischen Kollegen mit Lederwesten bekleidet, auf denen sich Totenköpfe und kabbalistische Inschriften abheben, sind sie zum größten Teil Söhne von Arbeitern oder kleinen Angestellten. Selber Lehrlinge oder Verkäufer, verdienen sie in ihrem Alter Löhne, die die vorangegangenen Generationen hätten träumen machen. Dieses relative Wohlergehen und, in Schweden, das Bewußtsein einer gesicherten Zukunft beseitigen bei ihnen die Furcht vor dem Morgen und machen auf diese Weise den Kampfgeist, der einst notwendig war, um ›sich seinen Platz im Leben zu sichern‹, beschäftigungslos. In anderen Himmelsstrichen zieht im Gegenteil das Übermaß an Schwierigkeiten, in die Welt ›einzudringen‹, wo das tägliche Leben zugunsten des Ruhmes der Filmschauspieler und der Gangster entwertet wird, die Verzweiflung nach sich. In beiden Fällen explodiert der Kampfgeist, der sich eines würdigen Betätigungsfeldes beraubt sieht, plötzlich in einer blinden und jedes Sinnes baren Entladung...« (Caillois, 219)

Nach Caillois zeigt das Beispiel, bis zu welchem Punkt die etablierte Ordnung zerbrechlich bleibt, »gerade in Proportion zu ihrer Strenge« (Caillois, 217). Die Mächte des Rausches seien stets fähig, die Oberhand zu gewinnen. Die etablierte Ordnung zu durchbrechen heißt, einen anderen Zustand herzustellen. Ein dramaturgisches Spannungsgeschehen wird initiiert, um so etwas wie eine bessere Form gesellschaftlicher Partizipation zu erreichen. Gegen die Entwertung des täglichen Lebens setzt sich die Revolte. Die Ablehnung der etablierten Ordnung beinhaltet die durch den Tumult evozierte andere Form sozialer Integration.

Welche Integrationsansprüche sich hinter dem Wunsch nach Lebensspannung verbergen, zeigt ein Mord, den eine Elfjährige an einem vierjährigen Jungen verübte. In einem Zeitungsartikel heißt es darüber:

> »Vier Tage nach dem ersten, von Mary alleine begangenen Mord, klopfen die Mädchen bei der Mutter des toten Kindes an die Tür. Mary steht in der Tür, Norma ein paar Schritte hinter ihr. Mary fragt, ob sie Martin sehen dürfe. Die Mutter erwidert: ›Unser Martin ist tot.‹ — ›Ja, das weiß ich‹, antwortet Mary grinsend. ›Ich wollte ihn in seinem Sarg sehen.‹ Warum besuchen die Mädchen das Haus des Opfers? Vor Gericht sagt Mary aus, sie und Norma wollten sich gegenseitig ihren Schneid beweisen. Der tiefere Grund ist, glaubt Sereny (Gitta Sereny, Marys Biografin), ihre Unfähigkeit, die Endgültigkeit des Todes zu begreifen. ›Die Vorstellung vom Tod war unwirklich, unverständlich‹, erklärt Mary Bell heute. ›Ich hatte nichts gegen Martin. Ich wollte ihn nicht für immer töten ... ich würgte ihn, aber ich dachte, wir spielen Tod.‹« (Luyken, 14)

Falsche Allmachtsvorstellungen kennzeichnen in diesem Fall die Revolte gegen die bestehenden Verhältnisse. Das Spiel lässt die Möglichkeit des Wiederaufstehens zu. Die Spannung des Spiels wird in das wirkliche Leben übernommen. »Wir spielen Tod« wird zur Formel für den tatsächlich begangenen Mord. Das gewollte Unheimliche, auch das gewollte Unmögliche werden spielerisch im Leben inszeniert. Die Spannung des Spiels bleibt erhalten. »Ich wollte ihn nicht für immer töten...« Der Nervenkitzel resultiert aus einer nahezu animistischen Vorstellung von der Allmacht über Leben und Tod. Spannung wird zum Hinweis auf die Möglichkeit des Unmöglichen. Die Realität des eigenen Tuns wird im Spiel verkannt. Animistisch-regressive Erwartungshaltungen bestimmen die zum Spiel gewordene Realität. Im Spiel zumindest bleibt die Wiederherstellung der etablierten Ordnung angezeigt. Das Geschehen ist charakteristisch für fast alle gängigen Muster trivialer Spannungsabläufe. Höhepunkte der Krisenbewältigung korrelieren mit Höhepunkten des Spannungsgeschehens.

Rezipienten lassen sich spielerisch auf die dramaturgische Gestalt ein, sie verlagern ihre Erlebnisebene in einen Spielfilm oder ein Hörspiel. Sie lassen sich damit hinreißen in eine besondere, nicht alltägliche Situation, in ein fiktives Raum- und Zeitgeschehen, in eine illusionistische Welt. In dieser Welt werden Funktionsmechanismen gestaltet wie in der Realität. Durch die in der Entwicklung der Idee vorgenommene Abstraktion wird es Rezipienten ermöglicht, die gespielte Welt von der realen zu trennen. Die künstlerische Umsetzung der Realität erlaubt auch Abläufe, die sich in Wirklichkeit nicht so zutragen, aber im Hinblick auf ihre spielerische Deutung akzeptiert werden. Wird eine direkte Abbildung der Realität suggeriert, die verzerrend ist oder erschwindelt, wird das Wirklichkeitsempfinden von Rezipienten manipuliert.

5.5 Identifikation

In Wim Wenders Film »The Million Dollar Hotel« entwickelt sich zwischen dem Erzähler Tom Tom und dem FBI-Agenten Skinner eine diffizile Beziehung. Tom Tom, halbwegs verrückt, lebt mit Drogenabhängigen, geistig Lädierten, die mangels Versicherung nicht medizinisch betreut werden oder es nicht wollen, und Aussteigern in einem heruntergekommenen Hotel, von dessen Dach Tom Toms Freund Izzy gestürzt ist. Skinner soll den Fall aufklären, er ist engagiert von Izzys reichem Vater. Seiner Herkunft nach gehört Skinner eher zu den Outdoors und fühlt sich denen, die er zu verdächtigen hat, näher als seinem Auftraggeber. Tom Tom sieht in Skinner den Bullen, den er austricksen muss, doch gleichzeitig imponiert ihm dessen martialisches Verhalten, und er imitiert es, noch gewürzt mit einer guten Prise Held-in-Gangster-Film-Benehmen. Skinner hat aus sich einen in dezenter Vornehmheit gekleideten Grobian mit verfeinerten Manieren gemacht und alles verdrängt, was nicht auf strebsamem, glattem Weg zum Erfolg führt. Für ihn ist Tom Toms gebrochene Identifikation anstößig, besonders noch der hemmungslos spielerische Aspekt dabei. Doch Skinner kann sich dem nicht entziehen. Bei ihm setzt genau das ein, was auch Tom Tom bestimmt — eine gebrochene Identifikation mit dem, zu dem er sich im Grunde seines Herzens gehörig fühlt und das er doch ablehnt, nämlich einer Spielart, mit dem Dasein auf der Schattenseite des Lebens fertig zu werden.

Diese Zusammenhänge aus dem Film »The Million Dollar Hotel« sind beispielhaft für das Fungieren der Identifikation als Spannungsfaktor. Die Spannung, die sich aus dem vorgeführten innermenschlichen Zerrissensein ergibt, ist Voraussetzung für die Identifikation mit einem dramaturgischen Subjekt. Sie sorgt für Zweifel daran, ob sich eine Person ihren Vorstellungen gerecht behaupten wird und damit für ein Bangen, egal ob pro oder contra. Dieses Bangen bindet Rezipienten emotional an Personen. Spricht ein dramaturgisches Subjekt darüber hinaus etwas bei Rezipienten an, was sie selbst gern an sich hätten, aber aus Takt oder tatsächlicher Unerreichbarkeit für sich ablehnen, kann bei der Rezeption eine heimliche Gefühlsebene ausgelebt werden. Identifikation ist ein Akt der Teilhabe, eine selektive Aneignung. Identifikation als Prozess während der Rezeption ist nicht zu verwechseln mit Identifizierung als sich Gleichsetzen mit einer Figur. Identifikation bedeutet vielmehr ein Wiedererkennen eigener Motive und Ideale auf emotionaler Ebene, das sich (bewusst oder unbewusst) Eingestehen dieser Tatsache und darüber hinaus das sich zu eigen Machen der speziellen Form des Auftretens dieser Motive und Ideale während der Rezeption.

Daraus resultiert für die Gestaltung dramaturgischer Persönlichkeiten, dass sie idealisiert werden, wie im Kapitel »Fiktionalisierung« beschrieben, und zwar im Hinblick auf emotional erfassbare, ästhetisch anzueignende Wesenszüge. Dafür werden die Personen zunächst in Situationen eingeführt, die Emotionen ansprechen. Ihre Eigenschaften werden transparent im Hinblick auf Eigentlichkeiten (also dasjenige einer Persönlichkeit, in dem sich ihre Eigenschaften gründen), die Rezipienten in ihrem Streben nach Teilhabe am Leben der auftretenden Personen aufzuspüren suchen. Das Streben nach Teilhabe entspringt dem Drang, die charakterliche Basis einer Person zu ergründen, sie also ganz zu erfassen. Die identifikatorische Verbindung mit den Figuren wird über ihr Wachstum gehalten. Die sie verändernde persönliche Entwicklung hält die Anteilnahme an ihren Motiven und Idealen, Absichten und Empfindungen, die sich am Geschehen messen, wach. Die durch das voranschreitende Geschehen immer wieder nötige rückversichernde oder neu zu erschließende Formulierung dieser persönlichen Merkmale, Glück oder Pech, Recht oder Unrecht nach sich ziehend, bewirkt einen Wechsel zwischen Zweifel und Genugtuung bei Rezipienten. In diesem Wechsel begründet sich die Identifikation als Bangen mit einer Person bzw. emotional an ihrer statt um Freud oder Leid, Gelingen oder Scheitern.

Voraussetzung für eine Identifikation ist, dass das Geschehen die Gefühlslage der beteiligten Personen so anspricht, dass sie auch innerlich in Bedrängnis geraten, in Diskrepanz mit sich selbst. Diese Zerrissenheit oder

Diskrepanz mit sich selbst gibt Personen Grund, sich in Konflikte zu begeben, statt ihnen auszuweichen. Die dazu gehörige innere, zur Figur passende Motivation ist ein identifikatorisches Potenzial und trägt damit zur Spannung bei. Deshalb ist die Einfühlung des Autors in die Person und die dadurch ermöglichte charaktergerechte Einführung für die Rezipienten wesentlich.

Identifikation ist dem unterworfen, wie Autoren ihre Figuren oder auftretenden Personen behandeln. Diese Behandlung, gerade auch die Idealisierung, kann unter verschiedenen ideologischen Vorzeichen stehen, die sich in unterschiedlicher Behandlung der Wirklichkeit begründen. Zwei Beispiele sollen das verdeutlichen.

In dem bereits angesprochenen Film von Wim Wenders haben die Bewohner des Hotels sich jeder auf andere Weise mit der Realität derart arrangiert, dass sie sie fiktiv verbrämen und sich dabei in ihre Beschönigungen verstrickt haben. Indem sich der Medienrummel, entstanden um ungewöhnliche Teerbilder, die vermeintlich vom toten Izzy stammen, den sie als schillernde Persönlichkeit stilisieren, als finanziell ausbeutbar herausstellt, scheint ihre Lebensstrategie aufzugehen. Eine fälschliche Identifikation (Izzy als vermeintliches Genie) scheint eine Veränderung in der Realität zu bewirken. Aber Wenders lässt den Schwindel mit den Bildern auffliegen. Jedoch nicht etwa, dass herauskommt, dass sie nicht von Izzy stammen, sondern dass nur Teer über gestohlene Meisterwerke geschmiert wurde und sie verdeckt hat. Die angebliche Kunst war kreative Verpackung, so wie der Schwindel der Hotelbewohner die wahre Herkunft der Bilder kunstvoll verhüllt hat. Diese Peripetie beschreibt die Identifikation als trügerischen Vorgang, als Verführung. Identifikation taugt nur für die Ebene des Spiels, ist aber in die Realität nicht mit hineinzunehmen. Die Wendung ist hingegen ein Bild dafür, dass Identifikation mit dramaturgischen Subjekten bzw. durch sie erzählerisch vermittelten Inhalten deutend und erhellend in die Realität hineinwirken kann.

Anders verhält es sich mit den Romanen und Erzählungen von Ingrid Noll, die von Buch zu Buch eine nur leicht variierte Aussage treffen: Wenn eine Frau ihren Partner umbringt, ist sie eine Menge Unannehmlichkeiten los, und in der Regel winkt eine ausreichende Witwenrente oder doch zumindest der ungestörte Genuss des ehemals gemeinsamen Besitzes. Nicht nur mit dieser Prämisse hat Noll großen Erfolg, sondern auch mit ihrer erzählerischen Strategie. Sie arbeitet lediglich die Charaktere ihrer Protagonistinnen vielschichtig, kontrastiert und tatkräftig aus, ihre Opfer dagegen sind in ihren Eigenschaften, auch in denen, die ihren Partnerinnen missfallen, nur schemenhaft dargestellt. Diese Tatsache vermittelt Nolls dramaturgische Vorgehensweise. Es geht ihr nicht um eine Deutung oder das Verstehen der Wirklichkeit, sondern sie manipuliert die wirkliche Welt zugunsten einer Vorstellung von ihr, mit der sie arbeitet. Sie kann damit rechnen, dass ihre Leser davon ausgehen, dass sie sich vom äußeren Rahmen der Geschichte her ebenbürtig gegenüberstehende Figuren gleich behandelt. Durch die sehr schwache Identifikationsmöglichkeit mit den männlichen Figuren erscheinen diese minderwertig. Die Frauen werden so von den Unzulänglichkeiten ihrer Partner und den mit ihnen korrespondierenden eigenen Unzulänglichkeiten isoliert und damit überhöht. Der Geschichte wird so eine Realität vorausgeschickt, die mit wirklichen Bedingungen nicht mehr viel zu tun hat, aber den Anschein erweckt, als hätte sie es. Spannung beruht hier auf einer Verschwörung, die Rezipienten (sicher oft unbewusst) mit der Autorin eingehen. Die Quintessenz dieser Verschwörung besteht in der Bereitschaft, Figuren sozusagen vorab in ihrer möglichen Charakterentfaltung zu beschneiden, wenn es der Verblüffung und Unterhaltung dienlich ist.

Identifikation ist ein medienpolitisches Mittel, das auch Featureautoren einsetzen. Welche auftretende Person in welcher Weise exponiert wird, bestimmt den Grad der Identifikation der Rezipienten mit ihrer Meinung. Weil Identifikation Teilhabe am Erzählten bedeutet, wird sie von Rezipienten immer angestrebt. In diesem Punkt geht die politische Verantwortung von Featureautoren über die der Nachrichtenschreiber hinaus. Jede Voreingenommenheit oder jedes sachliche Engagement drückt sich in der Erzählung, Beschreibung oder im Entwerfen eines inhaltlichen Bildes aus. Viel mehr als Nachrichtenschreiber, deren Faktenauswahl sich nach bestimmten Regeln richtet (wer, was, wann, wo, wie), überprüfen Featureautoren ihre Identifikationsvorgaben auf ihre subjektive Herkunft hin und machen diese gegebenenfalls sichtbar. Dazu dienen Sprechertexte, aber auch die übersichtliche Positionierung der auftretenden Personen und Meinungen untereinander. Eine Missachtung von Meinungsträgern in Form von nicht eingesetzter oder ihrer Persönlichkeit und Dynamik nicht angemessener Identifikationsmöglichkeit gegenüber anderen ist im Feature nicht angezeigt.

Um eine Identifikation aufseiten der Rezipienten zu ermöglichen, werden dramaturgische Subjekte persönlich vielseitig ausgestattet. Ihre Charaktere sind komplex und nicht frei von inneren Brüchen, die im Verhalten ihren Ausdruck finden. Dramaturgische Subjekte sind idealisierte Persönlichkeiten, deren emotional erfassbar dargestellte Eigenschaften auf ihre Eigentlichkeit hindeuten. Personen mit identifikatorischem Potenzial entwickeln sich und wachsen, und ihre Persönlichkeit wird in sie infrage stellenden und bestätigenden Situationen vorgeführt. Konflikte oder konträre Interessenlagen anderer Personen sorgen dafür, dass Rezipienten motivierten Persönlichkeiten gegenüberstehen, zu denen sie emotional Stellung beziehen können.

5.6 Erhoffen und Erwarten

Dramaturgische Gestaltung und Technik bestimmt weitgehend, ob ein Film, Hörspiel oder Feature spannend wird. Daher kann Ausführungen bisheriger Kapitel zusammenfassend gesagt werden: Spannung entsteht durch Antizipationsvorgänge, von denen durch die verschränkte Montage von Erzähllinien immer mindestens einer läuft. Vielfältige Erzähllinien oder unterschiedliche Sichtweisen eines Themas, die die Hauptproblematik verdeutlichen, treiben das Geschehen voran, indem sie Ahnungen bezüglich des Ausgangs schüren und bestätigen, aber gleichzeitig auch immer neue Fragen aufwerfen. Spannung zieht sich als Bogen über eine ganze Erzählung oder dramaturgisch aufbereitete Beschreibung. Sie ist ein Wechselspiel zwischen Anspannung in der Situation des Zweifels, Bangens und Erhoffens und Entspannung in der Situation bestätigter oder anders als gedacht gelöster Erwartungen.

Die Verdichtung einer Handlung oder eines Sachgebietes auf seine Wendepunkte, die Steigerung der Konflikte oder Problemlage, die sich festigende Identifikation bei sich erhöhender Bedrängnis von Personen oder Meinungen, die Platzierung der Peripetie als Kulmination einer Handlung bewirken eine Klimax des Spannungsbogens. Meistens wird er nach Erreichen seiner Spitze zum Zeitpunkt der Lösung des Hauptkonflikts oder Bestätigung der Prämisse durch ausklingende Sequenzen, wie z.B. dargestellte Ausgänge von Nebenhandlungen bzw. -aspekten oder dem andeutungsweisen Ausführen der Wiederherstellung der nunmehr beruhigten Situation noch ein wenig herabgeführt, um letzte Unklarheiten zu beseitigen, Rezipienten Gelegenheit zu geben, das Geschehen zu verarbeiten bzw. den Ausgang zu genießen.

In Kritiken von Filmen, Hörspielen oder Features ist manchmal die Rede von »Längen« oder »Löchern«. Bei positiver Kritik heißt es im Gegensatz dazu, das Geschehen habe »Tempo«. Dahinter steht, ob es gelungen ist, Konflikte oder Problemschilderungen ineinandergreifend anzuordnen. Das bedeutet, dass ständig mindestens eine Person sich mit einem Problem herumschlägt, dessen Lösung mit der Hauptaussage zusammenhängt. Wenn es beseitigt ist oder ein Konflikt gelöst, wird mindestens eine andere Konfrontation gerade ausgetragen. Doch das allein genügt nicht, um Spannung zu erhalten. Wer einer Erzählung folgt, möchte gewöhnlich nicht nur wissen, was passiert, sondern auch, was noch passiert. Dieses »noch« schließt die Erwartung der Steigerung, des Ansteigens des Spannungsbogens ein. Deshalb wird am Anfang der Hauptkonflikt nicht übertrieben forciert. Das gibt nicht nur Gelegenheit, Rezipienten in das Geschehen einzuführen, sondern dient auch dazu, die Möglichkeit der Entfaltung und Verdichtung der Handlung nicht zu verderben. Ein Problem stellt diesbezüglich für den Rundfunkbereich die Gewohnheit des Zappens dar. Wenn eine Sendung nicht schon mit einer Sensation beginnt, wird schnell weitergeschaltet, was diejenigen, die für Fernsehsender Drehbücher und den Hörfunk Skripten auswählen, natürlich mit berücksichtigen. Spannung bedarf jedoch des Aufschubs, was gegen das Verbot der Bedürfnisvertagung beim Rundfunk spricht. Es gibt jedoch Auswege. Eine Möglichkeit besteht in der medienspezifisch auffälligen und wirksamen Formulierung der ersten Störung im Einstieg, in der, wie in Hemingways erstem Satz der Geschichte vom alten Mann und dem Meer, nicht nur Neugier geweckt, sondern bereits Antizipation in Gang gesetzt wird. Auch eine visuell stark beanspruchende Einführung der Personen bzw. des Themas als medientypische oder -gerechte Erzählweise ist ein Mittel gegen das Umschalten. Im Hörfunk übernehmen dies aufwändige Geräuschcollagen oder besonders stark emotional ausgedrückte bzw. mehrere Sinne ansprechende akustische Stimmungen im Einstieg.

Spannung tritt nicht nur als Bogen über eine ganze Erzählung gespannt auf, sondern auch als szenische Spannung. Diese ergibt sich aus dem ungewissen Ausgang eines Konflikts, aus der Ausgewogenheit der Motivationen und Teilabsichten der Beteiligten, aus der Tatsache, dass für sie etwas auf dem Spiel steht und aus der etwa gleichen Wahrscheinlichkeit, dass etwas klappt oder schiefgeht, jemand bestätigt wird oder erkennen muss, dass er falsch gelegen hat. Spannung in diesem Sinne ist eine Differenz zwischen Erwarten und Erhoffen. Das kann unterschiedlich ausfallen, wie an der Dimension des Spiels, hier noch einmal anhand einer Jahrmarktsattraktion ausgeführt, deutlich wird. Läuft ein Artist auf einem Hochseil, können Zuschauer mit mehr oder weniger Spannung dabeistehen. Sie können erwarten und erhoffen, dass er nicht herunterfällt. Oder sie erwarten und erhoffen, dass er herunterfällt. Beides ist ungünstig für einen hohen Spannungsgrad. Es sei denn, es geht um eine komische Wendung, bei der eher das wie entscheidend ist. Wenn Zuschauer aber erwarten, dass er herunterfällt, und erhoffen, dass nicht, oder erhoffen, dass er herunterfällt und erwarten, dass nicht, geraten sie in innere Zerrissenheit, die sie die Szene mit Bangen verfolgen lässt. Eine solche Zerrissenheit bei Rezipienten lässt sich erreichen durch eine Diskrepanz zwischen angenommenem Charakter der Figur und Gefahr der Nichtbestätigung der Charakterannahme oder zwischen ihrer Lage und ihren Zielen. Eine Diskrepanz zwischen Erwarten und Erhoffen ergibt sich aus Konfrontationen, die einer Person zuwiderlaufen, die sie scheinbar unabänderlich von dem abdrängen, was Rezipienten (im Guten oder Schlechten) für sie erhoffen.

Das Verhältnis zwischen Erwarten und Erhoffen stellt sich bei Erzählweisen, die nicht handlungsorientiert sind, anders dar. Entwickelt sich aus der Einführungssituation keine Handlung, sondern wird sie abgebrochen zugunsten einer neuen Situation, die das Geschehen der ersten nicht weiterführt, stellt sich die Frage, was die beiden (und folgende) Begebenheiten miteinander verbindet, und zwar mit der Hoffnung darauf, die Semantik der Vorgänge zu entschlüsseln. Die Erwartung dabei ist, dass die Semantik Aufschluss über die Prämisse des Autors gibt. Der gemeinsame Nenner der Begebenheiten wird gesucht. Die Erwartung der Identifizierung des gemeinsamen semantischen Nenners trägt sozusagen das Erhoffen, den Sinn zu erschließen. Bei Komödien ist der Ausgang der Handlung oft klar vorhersagbar. Der szenische Humor ist dabei der Spannungsträger. Die spezifische Dialogsituation versetzt Rezipienten in eine Hoffnung auf amüsanten Stil und überraschende Verwicklungen. Spannung wird in diesem Sinne dadurch erreicht, dass die Frage nach der Erfüllung humoristischer Erzählmuster das Publikum berührt. Eine Geschichte kann also durchaus auch spannend sein, wenn das Gesamtgeschehen lediglich triviale oder keine Absichten (Nonsense) erkennen lässt.

Spannung erzeugt sich aus der Mehrdimensionalität eines Geschehens dann besonders, wenn Vordergrund und Hintergrund einen Kontrast bilden. Eine Begegnung beispielsweise wird nicht einfach nur als Begegnung dargestellt, sondern so, dass alles, was mit dieser Begegnung zusammenhängt, nicht mehr banal erscheint: Es findet etwas statt, das die Begegnung mit einer unerwarteten Stimmung überzieht. Diese Art von Dramatisierung des Erzählmaterials wird als Suspense bezeichnet. Es kann eine Geste sein, ein ungewöhnlicher Tonfall, ein Blick, ein viel sagender oder zweideutiger Satz, ein dem vorauszusehenden Lauf widersprechender Umstand, der ins Spiel gekommen ist, der dem Geschehen eine andere als die vordergründige Bedeutung aufdrückt. Vordergründige und ganz andere — hintergründige — Inhalte reiben sich aneinander. Je größer die Unvereinbarkeit zwischen beiden Ebenen scheint, desto größer die Spannung. Im Film wird dieser Kontrast häufig zwischen visueller Anordnung und Dialog erzeugt, im Hörfunk beispielsweise mit einem Widerspruch zwischen Stimmung und Text.

In dem im Kapitel »Peripetie« beschriebenen Hörspiel »Briefwechsel mit einem Schwein« von Peter Jacobi bekommt der Einstieg zusätzlich zur sich eröffnenden kriminellen Handlung eine geheimnisvolle Perspektive. Die Hörer gehen mit einem unbekannten Lauscher durch raschelnde Blätter eines Waldes, sie hören wie der Lauscher auf einmal ein klapperndes Geräusch, verharren mit dem Lauscher und schleichen mit ihm näher, bis das Geräusch als Schreibmaschinenklappern zu identifizieren ist. Die Hörer belauschen mit der unbekannten Gestalt, die sie akustisch geführt hat, das Geschehen in dem Terrassenzimmer einer Hütte im Wald. Dort wird gerade ein Abschiedsbrief für eine zu ermordende Frau diktiert und der Mordplan im Einzelnen durchgesprochen. Die Perspektive geht in der Folge auf diese Haupthandlung im Haus über. Aus dem Wissen der Lauscherperspektive heraus antizipieren die Hörer bereits, dass mit dem Mordplan nicht alles so gehen wird, wie von denen im Haus vorgesehen. Sie erwarten für die im Haus, bei denen sie sich jetzt befinden, ein unvorhergesehenes Ereignis. Suspense wird hier erreicht. Es ist ein Vorgang komponiert worden, bei dem Rezipienten über die entscheidenden dramatisch relevanten Einzelheiten Bescheid wissen, Agierende jedoch nicht. Rezipienten ist im Gegensatz zu Agierenden nicht nur der Vordergrund präsent, sondern der ihnen bekannte, aber absente Hintergrund wird zu dem Wahrgenommenen dazuempfunden. Rezipienten sind Assoziationen möglich, die Agierenden vorenthalten werden. Diese Spannungsintensität entsteht dann, wenn die betreffende Information den Agierenden derart mangelt, dass ihr Fehlen eine Gefahr für sie selbst bzw. ihre Ziele bedeutet. Das Fehlen der Information berührt Rezipienten dann so, dass ihnen bange wird um einen Agierenden und zwischen Erwarten und Erhoffen eine Diskrepanz liegt. Übertragen auf das Beispiel mit dem Hochseil wäre denkbar, dass Rezipienten gesehen haben wie ein Widersacher des Artisten oben an der Befestigung des Seils sich zu schaffen gemacht hat, der Artist aber nichts davon weiß. Egal, ob der Artist sympathisch oder unsympathisch ist, Rezipienten empfinden nun für ihn die Gefahr.

Spannung wird dann erreicht und gehalten, wenn nichts in einem dramaturgischen Gefüge zufällig zu Papier gebracht wurde, wenn alles eine Funktion im Hinblick auf die Dramatik des Geschehens bekommt. Ein Meister der Spannung, Alfred Hitchcock, äußerte sich gegenüber Truffaut:

»Die Seen müssen dazu da sein, damit Leute darin ertränkt werden, und die Alpen, damit sie in Schluchten stürzen.« (Truffaut, 94)

Wenn eine Darstellung spannend ist, bedeutet das, dass sie mit einem Wechselbad der Gefühle verbunden ist. Anspannung und Entspannung wechseln, jedoch so angeordnet, dass, wenn sich eine Problemlage entspannt, eine andere für Anspannung sorgt. Anspannung bedeutet, dass sich Erhoffen und Erwarten des Ausgangs einer Sache entgegenstehen. Widersprüchliche Antizipationen werden geboten. Geschieht dies nebeneinander in einer Szene, wird von Suspense gesprochen. Suspense ist eine gleichzeitig beidseitig gestaltete Diskrepanz zwischen Erwarten und Erhoffen.

5.7 Qualität

Rezipienten wollen sich gewöhnlich auf Spannung einlassen. Hans J. Wulff beschreibt in seinem Buch »Darstellen und Mitteilen« die Voreinstellung der Rezipienten in drei Koordinaten, der propositionalen Einstellung, der modalen und der evaluativen Einstellung. (Wulff, 70) Diese Koordinaten begründen sich im Wissensdrang des Menschen und sind Instrumente des Verstehens von Narration. Nach ihnen bemühen sich Rezipienten um eine Vorstellung, um ein sich Bekanntmachen jeglichen, auch ihnen fremden Wissens. Sie lassen sich auf die Weise der durch die Darstellung vorgegebenen Kommunikation ein und untersuchen gleichzeitig das Vorfindliche im Hinblick auf Vergleichbares und bestimmen seine Qualität. Dabei wird von der Erfahrung ausgegangen, dass in der Erzählung alles möglich ist, auch und gerade dem Üblichen Fernes, weil es die Verheißung in sich birgt, dass etwas über das Gewöhnliche hinaus enthalten ist, ein außergewöhnlicher Eindruck, der ein besonderes Erlebnis verschafft.

Hendrik de Man beschäftigte sich in seinem 1951 erschienenen Buch »Vermassung und Kulturverfall« mit diesen durch Medien geschaffenen, stellvertretenden Erlebnissen, deren Beschaffenheit gegenüber tatsächlichen Erlebnissen so verdichtet sei, dass die bloße Perzeption zwar möglich sei, aber die Bedingungen des Erlebens für eine Apperzeption nicht angemessen seien. Das beschleunigte Tempo des Erlebens übersteige die Grenze der Aufnahmefähigkeit des Bewusstseins, die Menge der Eindrücke führe bei Spezialisten der Erkenntnis zu Zerstückelung, bei der Masse zur Oberflächlichkeit. Die künstliche Nähe zum Ort des Geschehens und die komprimierte Zeitebene ließen Maßstäbe und Perspektiven der bewussten Wirklichkeitswahrnehmung verloren gehen, und die Mannigfaltigkeit und Gewalt der Eindrücke erhöhten die Reizschwelle, woraus sich ein sich steigerndes Bedürfnis nach stärkeren Reizen ergebe. Dies führe zu einer Erlebnissubstitution, die die herkömmliche Urteilsfähigkeit ersetze zugunsten eines kommerziell angepassten Gedächtnisses, dem »Massenhirn«. (de Man, 88f.) Reiner Matzker bezieht sich in seiner Anthropologie auf de Man, wenn er schreibt:

> »Das als ›Vermassung‹ beschriebene Phänomen ist als Vorgang der massenmedialen Zurichtung und Entsubjektivierung des einzelnen zu betrachten. (...) Das ›Massenhirn‹ ist ein Hirn der Sensationen. Etymologisch gesehen hat sich der Begriff der Sensation ganz in dem Sinne der massenmedialen Tendenz gewandelt. Aus der ursprünglich neutralen Bedeutung ›Sinneseindruck‹ ist jene eines ›aufsehenerregenden Ereignisses‹ geworden. Die Sensation, heute mehr als der einzelne wahrnimmt, erscheint als ein seine Passivität einbeziehendes Phänomen. Gegenüber dem kritischen Verstand ist die Kollektivseele die der Sensationen. Der einzig aktive Anteil in ihr ist jenes Maß der Aufgeregtheit, das eben von diesen Sensationen gesteuert wird.« (Matzker, 170f.)

Diese Aufgeregtheit ist dem Spannungserleben bei der Rezeption von Filmen, Hörspielen und Features entsprechend. Spannung ist als Teilhabe am Geschehen eine Überantwortung an das Medienerleben und damit auch an die mediale Erzählstruktur, die von der Struktur wirklicher Ereignisse verschieden ist. Die Sensationen folgen im Film- und Hörbereich im Sinne von außergewöhnlichen Ereignissen bzw. geballten Expressionen aufeinander, kaum als Impression auf wirklicher Ebene empfind- und verarbeitbar. Die Wirklichkeit in Kino, Fernsehen und Radio erfordert durch ihre Erlebnissubstitutionsangebote eine von der Verarbeitung tatsächlicher Erlebnisse verschiedene kognitive und sinnliche Leistung. Der Kodex dieser spezifischen kognitiven und sinnlichen Leistung richtet sich nach der den elektronischen Medien eigenen Dramaturgie und Ökonomie der Substitutionsangebote. Zuschauer oder -hörer sind in ihrer Rezeptionsleistung also nicht rein individuell geleitet, sondern durch die vorgegebene Struktur des Erlebnisses vorbestimmt. Die Rezeptionsleistung erweist sich strukturell als entsubjektivierte. Sie ist auf den medialen Kodex der Substitutionsangebote fixiert und trainiert. Dieser Kodex ist kein subjektiver, sondern ein industrieller. Reiner Matzker schreibt:

> »Das Mediensubjekt ist der Durchschnittscharakter, das standardisierte Massensubjekt. Seine Identität ist bestimmt durch das jeweilige evaluative Ideal eines gemeinsamen Zustands.« (Matzker, 175)

Spannung als Streben nach Vollendung und ästhetischer Einheit steht in Beziehung zum ökonomischen Anspruch, einen Film oder ein Hörspiel oder Feature zu verkaufen. Bei der Vermarktung eines dramaturgisch gestalteten Geschehens wird die ökonomisch gegebene Maximierung von Sensationen im Sinne aufsehenerregender Ereignisse in Verbindung mit dem Streben nach Vollendung genutzt. Die Kommunikation zwischen Autoren und Rezipienten unterliegt beiderseits akzeptierten und verstandenen Montagestrukturen, die eine spannende Rezeption ermöglichen, damit aber auch ein festgelegtes Muster schaffen, innerhalb dessen Grenzen sich Inhalte und Ausdrucksweisen des medialen Produkts bewegen. Das Werturteil des Publikums ist nicht frei, sondern diesem Kommunikationsmuster und seinen dramaturgischen Implikationen unterworfen. Rezipienten und Autoren gehen eine Allianz ein. Mit dem Versprechen der Autoren auf noch mehr, auf die Steigerung der Sensationen hin zu einer immer neu geschaffenen ästhetischen Einheit, setzen sich Rezipienten der Spannung in notwendiger, zwingender Erwartung aus. Insofern hat Spannung Suchtcharakter. Zwischen Produzenten und Rezipienten entsteht eine Produktionsgemeinschaft im Hinblick auf die ständig erneuerte Reproduktion ihrer Allianz, die von der gemeinsam vertretenen sowie verstandenen massenmedialen Sprache der Erlebnissubstitution gekennzeichnet ist. Spannung ist eine treibende Kraft dieses Prozesses. Sie enteignet die Sinne ihrer individuellen Tätigkeit zugunsten des durch Passivität gekennzeichneten Wahrnehmens medial geschaffener Empfangs- und Erlebensmuster.

6. Beruf

6.1 Tendenzen dramaturgischer Gestaltung

Die Sichtweise dramaturgischer Gestaltungsmittel hat sich im Laufe des 20. Jahrhunderts verändert. Beeinflusst wurden neue Gewichtungen auch durch die zunehmende technische Vielfalt künstlerischer Produktion durch Film, Hörfunk und Fernsehen. Eine Entwicklung, die vielleicht am stärksten in den letzten Jahren und Jahrzehnten auf den Charakter von Filmen und Hörspielen eingewirkt hat, ist die Veränderung der Sichtweise von Montage als Element künstlerischer Konzeption.

Bei der Produktion von Malerbüchern, deren erste im französischen Expressionismus entstanden, werden Texte nicht mehr illustriert, sondern Maler bzw. Graphiker und Schriftsteller arbeiten gemeinsam und gleichberechtigt an einem Thema. Das Wechselspiel bestimmt den gestalterischen Prozess. Dass künstlerische Gestaltungsmittel aus sonst getrennt ausgeübten Künsten kommunikativ zu einem neuen Medium verschmelzen, kennzeichnet die Geschichte des Filmbereichs und Hörfunks. Dramaturgische Gestaltungsmittel beispielsweise aus Literatur, Theater, Fotografie und Graphik wirken zusammen. Darüber hinaus hat die Entwicklung der technischen Produktionsmittel dafür gesorgt, dass Filme nicht mehr, wie zu Beginn ihrer Geschichte Bilder sind, »die laufen lernten«, und das Radio keine Abfolge von hintereinander gestellten Einzelaufnahmen mehr ist. Die Sichtweise hat sich entwickelt hin zu einer Betrachtung der Montage künstlerischer respektive dramaturgischer Gestaltungsmittel als Bewegung in Zeit und Raum.

Im Hörfunkfeature »Master's Voices« stellt Walter Filz Originalaufnahmen, historische Dokumente, verschiedene Sprecher(ebenen) und Interviewtexte sowie Musik und Geräusche zusammen. Diese unterschiedlichen akustischen Mittel werden eingesetzt, um »Stimmen aus dem Off« (Untertitel) zu beschreiben und darzustellen. Thema des Features ist unsere Umgebung aus Stimmen, deren Ursprung nicht zu sehen ist, und die Anweisungen geben. Filz hat Originaltöne von Bahn- und Flughafenansagen, einem Navigationssystem für Autofahrer und sprechender Haushaltsgeräte kombiniert mit Interviews von Flughafen- und Bahnangestellten, einem Verkäufer von sprechenden Geräten, einem Feuerwehrmann, Frauen, die Stimmen hören, einem Stadionsprecher sowie einem Experten für Rhetorik. Das Feature wird von leitmotivischer Musik strukturiert und wichtiges Element sind Mischungen von (unverständlichen) Durchsagen, die die Gegenwart von Stimmen aus dem Off im Alltag demonstrieren. Dabei ist dieses Feature keine Aneinanderreihung von Reportagen, also beispielsweise zuerst auf dem Flughafen, dann im Auto usw., sondern die Originalaufnahmen sind zu einer kunstvollen Komposition unter inhaltlichen und akzentbetonten Aspekten zergliedert und mit verschiedenen Sprechertexten (z.B. Stimme Gottes) verwebt worden.

Wie an heute üblichen Features wie diesem deutlich wird, liegt die Betonung zunehmend auf dem Sinnzusammenhang der unterschiedlichen Mischungen dramaturgischer Mittel, der zum Bedeutungsträger wird. Im Hörbereich ist das vor allem an der Entwicklung der Collage zu sehen. Diese Entwicklung setzte sich bis zur heutigen Audio-Art fort, die als Lautpoesie teilweise nicht narrativ konzipiert ist. In der Audio-Art treffen Performer, Musiker, bildende Künstler, Medienkünstler und Improvisationskünstler aufeinander. Ihr Ansatz geht auf Lautpoeten der 60er Jahre zurück, die die Stränge pragmatischer Narration und Semiotik zu durchbrechen suchten, mit dem Schall spielten, Geräusche parallel zur Fotografie verkleinerten oder vergrößerten, fragmentierten, verfremdeten um ihrer selbst willen und nicht, um etwas zu beschreiben. Parallel dazu steht die Entwicklung der Video-Art, deren Produkte fast immer in Zeit und Raum installierte und montierte Bewegung darstellen.

Aber auch das Gesicht der Fabel als erzählerisch ausformuliertem Einfall, der narrativen Verknüpfung von Handlungen oder Sachzusammenhängen, hat sich mit der technischen Entwicklung der Montagemöglichkeiten verändert. Die Kompositionsvarianten unterschiedlicher dramaturgischer Mittel des Films oder Hörfunks sind selbst erzählerisches Mittel, nicht nur gegenseitig Hilfsmittel. Die einzelnen Mittel ergänzen sich nicht nur als anwesende Beigabe, Untermalung oder Vervollkommnung im Hinblick auf die Wahrnehmung der Erzählebene, die durch ein gerade dominierendes Mittel (bspw. Bild oder Dialog) dargestellt wird, sondern sie wirken gleichberechtigt miteinander ineinander. Ein entsprechender Einsatz der Montage ermöglicht eine Vielfalt künstlerischer Ausdrucksmöglichkeiten mit authentischer Aussagekraft.

Sicher hat die Digitalisierung der Arbeit mit (Text-)Bausteinen am Computer diesen Trend verstärkt. In den letzten Jahrzehnten arbeiten Künstler aller Richtungen stark mit Zitaten, die nicht dokumentarisch gebraucht, sondern verfremdet werden oder durch Überlagerung mit anderen künstlerischen Ausdrucksmitteln einen neuen Sinn erhalten. Architektur und Mode sind ebenso Beispiel dafür wie der Umgang mit dokumentarischem Material im Film- und Hörbereich. Hörspielautoren arbeiten in den letzten Jahren wieder häufiger mit Originaltönen. Der Zugriff auf die Technik ist durch die Computerisierung auch zu Hause einfacher, vertrauter geworden. Der Umgang mit ihr ist zunehmend spielerisch. Originaltöne werden nicht mehr vornehmlich als Dokument genutzt wie in den Originalton-Hörspielen der 70er Jahre, sondern künstlich collagiert, historisches Material wird neu betont, neu zusammengesetzt, so dass völlig andere Bedeutungszusammenhänge entstehen, was postmoderne Trends widerspiegelt, in denen auch Zeitebenen durch Montagetechnik verschoben werden.

Walter Filz wahrt in seinem Feature »Master's Voices« zwar die Chronologie, wenn er historische Dokumente aus den 50er bis 80er Jahren zu Klangcollagen verwebt, enthebt sie aber ihrem ursprünglichen inhaltlichen Zusammenhang. Lautsprecherdurchsagen vom Aufstand des 17. Juni 1953, der Lautsprecherkampf zwischen Rias-Wagen und DDR-Störwagen im Kalten Krieg, das sich Überschreien von Anti-Atomkraft-Demonstranten und Polizisten per Megaphon werden darüber hinaus mit fiktiven Lautsprecherdurchsagen auf eine Ebene gestellt. Denn der Ausblick in die Zukunft der Stimmen aus dem Off erfolgt mit Lautsprecheransagen auf Raumstationen, die aus Science-Fiction-Filmen entnommen sind.

Trennlinien zwischen inhaltlichen Bestimmungen unterschiedlicher dramaturgischer Gattungen werden aufgehoben oder durchkreuzt. Der spielerische Umgang mit Fakt und Fiktion, in der zweiten Hälfte der 90er Jahre besonders in Literatur und Film auffallend häufig, bietet einen Blick auf die Respektlosigkeit vor früheren Kombinationsgrenzen zwischen Dokumentation und Spielfilm. Die Mischung zwischen Fakt und Fiktion zeigt sich häufig ironisch und gebrochen, die Lust am Schwindel ist deutlich. Auf Seiten der Rezipienten ist die Mischung zwischen Glauben und Unglauben eine Spielbedingung. Historische Tatsachen werden ohne Rücksicht auf Sachzusammenhänge und Sinnverzerrungen vermischt und in fiktive Episoden eingebracht, um eine neue, prickelnde Atmosphäre zu erhalten. Roman und Spielfilm zeigen sich hier deutlich als Unterhaltungsmedien. Auf der anderen Seite gilt auch, nach dem Motto, die Wahrheit liegt hinter den Dingen, dass Virtualität ein Mittel von Dokumentarismus wird. Echte Personen haben ein nachempfundenes Benehmen, Realität soll durch Lügen übertrieben werden, Wirklichkeit tritt auf, Legenden werden in Internetforen zu Filmen oder

Romanen erdichtet und verdichtet. Zum Schluss weiß niemand mehr, was wahr, simuliert, authentisch oder fiktiv ist. Es entsteht eine neue Wirklichkeit, verwandt mit der alten, generiert durch die Sage von ihr.

Die Arbeit mit Bausteinen hat formal insbesondere das Feature der letzten Jahrzehnte geprägt. Sowohl im Fernsehen als auch im Radio erscheint es hauptsächlich als Collage. Seine Entwicklung von der bildhaften Reportage hin zur freieren künstlerischen Form hat dazu geführt, dass Features auch auf Sendeplätzen für Fernseh- oder Hörspiele gesendet werden.

Audiovisuelle und auditive Medien sind Medien technischer Reproduzierbarkeit auch im Sinne der Reproduktion darstellerischer Aspekte anderer Künste. Autoren für Hörspiel und Film kommen häufig aus anderen künstlerischen oder kreativen Bereichen, wie z.B. der Malerei oder der Architektur. Dies kann sich an der Bildhaftigkeit der Sprache zeigen. Es werden auch Schraffuren, Nebel über Aufnahmen gelegt. Oder es wird beispielsweise impressionistisch mit Material umgegangen. In einem Porträt geht es entsprechend des Pinselstriches, in dem das Wesen der Person erkannt werden soll, darum, es in einer Aufnahme genau zu erfassen. Manuskripte oder Drehbücher werden schematisch nach einer Raumvorstellung entwickelt, Stimmen und Bildpunkte in ihm konzeptionell positioniert.

Der Gebrauch dramaturgischer Gestaltungsmittel in Spielfilm, Fernseh-, Hörspiel und Feature hat, sowohl was den formalen als auch was den inhaltlichen Bereich betrifft, in den letzten Jahren an Kombinationsvielfalt gewonnen. Eines der vordringlichsten Probleme dabei ist das der erzählerischen Sinnhaftigkeit dramaturgischer Konzeption. Die Montage um der Montage willen, wie sie in der Video- und Audio-Art existiert, hat sich deshalb auch auf den Sendeplätzen für Hör- und Fernsehspiel nicht halten können. (Im Hörfunk gibt es gesonderte Sendetermine für Audio-Art.) In den herkömmlichen Terminen gilt heute das erzählerische Element als eine Grundlage der Dramaturgie. Trotzdem sind Audio- und Videoart nur als Spitze einer Entwicklung zu betrachten, die strukturelle Änderungen narrativer Prozesse herbeigeführt hat. Das erzählerische Element ist zunehmend geprägt von dem modernen Trend eines pars plus pars pro toto, also eines in der Computerarbeit üblichen, mehr oder weniger willkürlichen Zusammensetzens von Teilen, die in ihrer Bildhaftigkeit für eine Vorstellung vom Ganzen stehen. Dieses synkretistische Phänomen befördert es, dass ein collagiertes Feature ideologisch mindestens ebenso steuerbar ist, wie die Annahme jeglicher fiktiven Prämisse. Aufnahme- und Montagetechnik ermöglichen eine Deklarierung als Realität, die um so glaubhafter wird, je perfekter die Technik ist, mit der sie hergestellt wird. Die Digitalisierung hat die Möglichkeiten technischer Veränderung dokumentarischer Aufnahmen vervielfältigt. Die Fotomontage als Dokumentfälschung steht am Beginn einer durch die technische Reproduzierbarkeit möglichen Glaubhaftmachung. Informationen aus Radio und Fernsehen galten noch bis in die 80er-Jahre hinein landläufig als glaubhaft. Spätestens seit der Golfkriegsberichterstattung ist das endgültig vorbei. Die absichtliche Fälschung ist jedoch nur ein Teil der manipulierten Realität und betrifft eher den journalistischen Sektor. Sie ist jedoch nicht ohne Bedeutung für den dramaturgisch-gestalterischen Bereich. Das Hin- und Herschieben von Bausteinen in der Computerarbeit, das Herauskopieren sowie verknüpfende Arbeiten erfordert eine Zurichtung von technisch gewonnenem Material, die nicht mehr einer primär inhaltlichen Durcharbeitung entsprechen muss. Beinahe jeder kann heute über nahezu alles schreiben, weil nicht mehr die Frage nach Bildung und Sinngebung im Vordergrund steht, sondern eher nur die Frage der Kohärenz als vordringliches Problem bei der Zusammenstellung und Präsentation von Material.

6.2 Zuschnitt für die Produktion

Autoren machen sich, ehe sie sich an eine Redaktion oder Produktionsfirma wenden, ein Bild von deren Profil, von dem Format ihrer Produkte, von Spezialisierungen auf Gattungen oder Genres. Sie »pitchen« ihre Idee entsprechend, d.h., sie beschreiben die Figuren und stellen den Stoff und was die Geschichte ausmacht sowie warum sie geschrieben wurde in wenigen Minuten oder Zeilen mit Blick auf Produzentenprofile dar.

Das Fernsehspiel als Chronist der Zeit, als kritischer Wegbegleiter, wie es bis in die frühen 80er Jahre hinein charakterisiert werden konnte, gibt es immer seltener. Aus der Konkurrenzsituation zwischen privaten und öffentlich-rechtlichen Fernsehanbietern heraus hat sich das Profil der Programmstruktur geändert. Es gibt vor allem thematisch oder personengebundene Reihen, die Vorabendserie ist ausgeweitet worden. Das Konzept ist nunmehr stark quotenorientiert, und damit ist der Unterhaltungswert ein wichtiges Realisationskriterium. Die Risikobereitschaft für ungewöhnliche Stoffe lässt nach. Die Gestaltungsunterschiede zwischen Kino- und Fernsehfilm sind in den letzten Jahrzehnten kleiner geworden. Das liegt in Deutschland zum einen daran, dass kaum ein Kinofilm ohne Fernsehbeteiligung hergestellt wird, zum anderen daran, dass Kinofilme immer auch im Hinblick auf die Verwertung im Videobereich produziert werden.

Die meisten Filmautoren sind heute mit dem Schreiben an Serien beschäftigt. Wichtig ist in jedem Fall, dass sie die Hauptfiguren kennen und ihr Buch in deren Legende einpassen. Bei der Ausformulierung des Geschehens über die Skizze hinaus werden Budgetrahmen, Drehzeit und fast immer vorgegebene Normierungen (z.B. Anzahl der Außen- und Studiodrehs, Häufigkeit des Auftauchens einer Dekoration, Episodengarantien für Schauspieler, Anzahl der Erzählstränge pro Folge) in der Redaktion bzw. bei dem Produzenten erfragt. Im Fernsehbereich ist die Budgetierung sehr beschränkt, was Auswirkungen auf die Drehbücher hat. Zeitintensiv und teuer zu drehen sind z.B. Stunts, viele unterschiedliche Schauplätze und so genannte Montagesequenzen (beispielsweise ein Gespräch, stationär verteilt über eine Wegstrecke durch eine Stadt). Kleine Rollen, bei denen für wenige Sätze bzw. Sekunden ein Schauspieler einen Drehtag lang bezahlt werden muss, werden auf das Nötigste beschränkt. Die Komparserie ist ein in den letzten Jahren steigender Kostenfaktor geworden, weil aus Originalübertragungen von Veranstaltungen (z.B. Sport) die Stimmung eines großen Publikums als Unterhaltungsfaktor nicht mehr wegzudenken ist, und diese Sehgewohnheiten für fiktiv erzählte Geschichten einen Zugzwang darstellen. Für Serien oder Reihen versuchen Produzenten Stars zu gewinnen, so dass die Schauspielergagen teilweise einen beträchtlichen Teil des Budgets verschlingen. Autoren begegnen diesen Einschränkungen mit einer Fokussierung auf Wichtiges. Notwendigkeit wird gegen Attraktivität abgewogen. Besonders Debutautoren haben Schwierigkeiten, eine aufwändig zu realisierende Idee unterzubringen.

Während Featuremanuskripte und Originalhörspiele weitgehend vom Autor allein komponiert werden, arbeiten Autoren bei Hörspielen, die Stoffe adaptieren, und Fernsehspielen sowie Spielfilmen bereits in der Konzeptionsphase mit Produzenten und Redaktionen zusammen. Sie richten sich darauf ein, eine Interpretation des Stoffes, den sie bearbeiten, zuzulassen. Deshalb ist es wichtig, dass Autoren die Atmosphäre ihres Werkes ausdrücken (z.B. visuell geprägte Dialoge schreiben). Sie stellen sich auf Arbeitsgespräche ein, in denen redaktionelle Interessen, Einfälle derer, die mit dem Blick auf Sendeplätze oder Publikumsstruktur ein Manuskript zu optimieren haben, gegen ihre Vorstellungen abgewogen werden. Je sichtbarer die handwerkliche Qualität des Verfassten ist, desto zufriedenstellender können die Gespräche in der Produktionsphase ablaufen. Es ist wichtig, seine Ideen sortiert zu haben, um einen für die Produktion attraktiven Vorschlag einbringen zu können, sortiert in der Hinsicht, dass in Bezug auf den Charakter des Verfassten Klarheit besteht. Es geht dabei weniger darum, Genres zu bedienen, als nicht zu viele Gestaltungselemente verschiedener Genres zu vermischen, um das Profil eines Erzählfadens nicht zu verwaschen. Vertraute Funktionsmechanismen von Genres werden von Produzenten und Redaktionen gern als Trademark genutzt.

Die Produktion von Daily-Soaps ist einer industriellen Fertigungsstraße vergleichbar. Story-Liner schreiben Treatments nach genauen Vorgaben, Dialogautoren formulieren den Sprechteil, Story-Editoren überarbeiten die Folgen und gleichen sie aneinander an. Dies geschieht in festen zeitlichen Rahmen. Die Story wird im Gespräch festgelegt. Das bedeutet, dass ihre Entwicklung in Abhängigkeit von der Gruppendynamik der Story-Liner zu sehen ist. Die Ideen entstehen in der Unterhaltung, und durch die zeitlich recht schnelle Festlegung der Erzählstränge im Gespräch ist die Dramaturgie der Dailys von Augenblicksideen gekennzeichnet, die Serien stellen strukturell einen Kompromiss aus einer Ideensammlung dar. Die inhaltlichen Diskussionen über Zusammenhänge des alltäglichen Lebens und seine seelischen Probleme, wie sie Gegenstand einer Soap sind, sind letztlich Diskussionen über sich selbst. Das Entstehen der Story im Gespräch bewirkt eine Einfühlung in und Auseinandersetzung mit Figuren und Inhalt, die durch die Gruppenkonfrontation anders in die Persönlichkeit der Autoren hineinwirkt, als wenn jemand allein schreibt. Es werden Eigeninteressen innerhalb der Gruppe in den Inhalt der Drehbücher transportiert.

Die Zielgruppe von Hörspielen ist eingegrenzt in ein literarisch interessiertes Publikum, d.h. eine Zuhörerschaft, die gern Geschichten hört. Probleme und Stoffe werden erzählerisch verarbeitet und in eine künstlerisch geprägte Form hineingenommen. Dies stellt eine, wenn auch definitorisch nicht festzulegende, Abgrenzung des Hörspiels zum Radio- bzw. Fernsehfeature dar. Wer ein Feature einschaltet, erwartet meist Informationen über gegenwärtige gesellschaftliche Entwicklungen oder auch einen didaktischen Anspruch, während Hörspielrezipienten sich eher für die Kunstform der Sendung interessieren.

Hörspiele und Feature bilden einen Puffer zwischen den magazinierten Programmen, der zum Zuhören bzw. -schauen anregt und nicht noch einmal die Zerrissenheit der Realität aufnimmt. Auf die Überfrachtung mit Bildern, die alltägliche Schnelligkeit reagieren in den letzten Jahren auch andere Sendeformen. Es gibt wieder große Interviews, auch Talkshows haben sich dahin gehend verändert. Das direkte Gegenüber wird gesucht, das sich Einlassen auf Personen und Hinterfragen entspricht auch hier dem Bedürfnis nach weniger kleinteiligen Sendestrukturen.

Immer weniger Autoren schreiben für die große Form, die über die Stunde hinausgeht. Nicht zuletzt durch die Digitalisierung hat sich die Schnittechnik verändert. Schnelle Schnitte und die Nähe zur Werbeästhetik sind während des langen dramatischen Bogens der großen Form kaum durchzuhalten, es bedarf hier langer Blenden, und Charaktere werden über eine längere Zeit hin entwickelt. Die große Form des Hörspiels ähnelt dramaturgisch diesbezüglich dem Fernsehspiel. Für die große Form im Hörspiel hat sich aus dieser Mangelsituation die Tendenz zur Romanbearbeitung und Adaption von — häufig noch nicht aufgeführten — Theaterstücken ergeben. Es sind vom Charakter her oft Kammerspiele, die nicht so heftig dramatisiert sind. Ein Beispiel dafür ist das im Kapitel »Antizipation« besprochene Hörspiel »Sommertag« von Jon Fosse. Ebenso ist es im Filmbereich üblich, Belletristik zu adaptieren.

6.3 Rechte und Verträge

Die für das Medienrecht relevanten Artikel des Grundgesetzes sind im Einzelnen der Art. 1 zum Schutz der Menschenwürde, der Art. 2 zum persönlichen Freiheitsrecht und der Art. 5 zum Recht der freien Meinungsäußerung. Die Verwirkung und Einschränkung von Grundrechten benennen dann im Weiteren die Art. 18 und 19. Auf den Artikeln des Grundgesetzes basieren die Pressegesetze der einzelnen Länder, die ihrer Reichweite nach Gesetze zu den Massenmedien sind. Druckwerke nach dem geltenden Presserecht sind nicht nur Printmedien, sondern auch Ton- und Bildträger, bildliche Darstellungen sowie Musikalien mit Text oder Erläuterungen.

Das Urheberrecht gilt schlechthin als Voraussetzung dafür, dass die Urheber geistiger und künstlerischer Erzeugnisse vor Nachahmungen geschützt werden und materiellen Nutzen aus ihren Erzeugnissen ziehen können. Ein deutsches Urhebergesetz gibt es seit 1966 nur noch zum Schutz von Bildnissen. Grundlage ist das Urheberrechtswahrnehmungsgesetz vom 9.9.1965. Seitdem schützen Autoren ihre Werke mit dem Copyright-Vermerk im Sinne des Welturheberrechtsabkommens bzw. der Berner Konvention.

Urheberrecht bedeutet für Autoren, dass ausschließlich sie ihre Werke in körperlicher Form verwerten dürfen. Das Recht umfasst insbesondere das Vervielfältigungsrecht, das Verbreitungsrecht und das Aufführungsrecht. In Verträgen treten Urheber Teile ihrer Rechte an Produzenten und Sender ab. Welche Rechte an ihren Manuskripten, Partituren, Vorlagen oder Drehbüchern Autoren Produzenten einräumen, wird verhandelt. Im Verlagsbereich und öffentlich-rechtlichem Rundfunk gelten Tarifverträge, deren Auslegung zunehmend strittig geworden ist. Es genügt für Autoren nicht mehr, auf Tarifverträge mit Wiederholungshonorar, Honorierungen für Ausstrahlungen in anderen Kanälen und Erlösbeteiligungen bei sonstigen Nutzungen zu achten. Der Verband Deutscher Drehbuchautoren weist darauf hin, dass bei den Sendern die Tendenz besteht, Ausstrahlungszeiträume zu erweitern, die Nutzung der Kulturkanäle nicht zu honorieren sowie Entgelte aus der Kabelweiterleitung nicht oder nur gering zu vergüten. Bei privaten Sendern und Filmfirmen, die Kinofilme herstellen, gibt es kein Tarifrecht. Autoren arbeiten an individuellen Verträgen mit.

In den letzten Jahren sind Buyout-Verträge aus dem englischen und amerikanischen Raum auch in Deutschland üblich geworden, besonders im privaten Sende- und Produktionsbereich. Autoren treten darin ihr Urheberrecht komplett ab. Vergleichbare Schutz- und Nutzungsrechte nimmt der Produzent wahr. Dafür erhalten Autoren eine pauschale Abgeltung. Buyout-Verträge werden von den Produzenten/Sendern abgeschlossen, um ein Produkt in möglichst kurzer Zeit möglichst intensiv zu verwerten. Der Profit fällt ihnen als Inhaber der Nutzungsrechte zu. Für die Autoren besteht mindestens ein steuerlicher Nachteil, wenn die Honorierung ihrer Arbeit zu einem Termin und nicht verteilt erfolgt. Es ist zudem schwierig, als Autor im Nachhinein eine angemessene Beteiligung zu erwirken, falls eine produzierte Idee mehr Gewinn hervorbringt, als bei der Kalkulation der Pauschale veranschlagt. Wenn sich herausstellt, dass das Honorar in auffälligem Missverhältnis zur Leistung steht, gilt es als sittenwidrig, die Vereinbarung kann als unwirksam erklärt werden. Der Produzent hat dann dem Autor eine angemessene Beteiligung an den Erträgen zu gewähren.

Um solche Streitigkeiten und damit verbundene Gerichtskosten zu vermeiden, gibt es in den USA Abkommen zwischen Autoren- und Produzentenverbänden, die Vergütungen für Autoren in verschiedenen Vertragssystemen regeln. In Frankreich beispielsweise werden zu diesem Zweck Verwertungsgesellschaften zwischengeschaltet. In Deutschland gibt es zwar auch solche Verwertungsgesellschaften, jedoch bisher keinen Konsens zwischen Produzentenvereinigungen und Autorenvertretungen über eine Zuständigkeit auch für Erstrechte. Für Autoren und Dramaturgen ist die VG Wort zuständig, beim Einsatz von Musik werden Urheber, Titel und gegebenenfalls Länge des Zitats an die GEMA weitergegeben.

Es empfielt sich für Autoren, niemandem eine Idee zu verraten, ehe sie nicht schriftlich mindestens in Form eines Exposés eingereicht wurde. Die bloße Idee ist nicht geschützt, sondern erst in Form eines Werkes. Alle Werke werden mit einem Copyright-Vermerk versehen. Ein besonderes Problem der Buyout-Verträge ist diesbezüglich, dass Urheber auch das durch das Copyright-Vermerk nur ihnen zustehende Recht, ihr Werk später zu verändern oder beispielsweise Figuren anderweitig zu vermarkten, an die Inhaber der Nutzungsrechte abtreten.

Hat ein Redakteur oder Produzent sich für eine Idee entschieden, gilt theoretisch seine mündliche Zusage als Vertrag. In der Regel wird in einem solchen Vertragsgespräch über inhaltliche oder Einzelheiten der Vorgehensweise gesprochen. Sicherheitshalber halten Autoren diesbezügliche Aussagen des Auftraggebers in einem Brief fest, der alsbald abgeschickt wird und in dem über den Fortgang des Projektes berichtet wird. Zu einem späteren Zeitpunkt ist es dann für den Auftraggeber schwierig zu leugnen, einen Auftrag vergeben zu haben. Gibt es Probleme, kann diese Dokumentation zumindest ein Ausfallhonorar erwirken. Spätestens nach der Abnahme eines Treatments sollte jedoch auf einem schriftlichen Vertrag bestanden werden. Erscheint der finanzielle Aufwand in einem vertretbaren Maß zu einem zu erwartenden Honorar, lassen Autoren sich von spezialisierten Anwälten bei Vertragsverhandlungen beraten.

6.4 Entwicklung dramaturgischer Arbeitsfelder

In den letzten Jahrzehnten hat sich die Medienlandschaft in Deutschland zunehmend kommerzialisiert. Dies bringt mit sich, dass populäre Werte weitgehend unmittelbar und wenig reflektiert in der Medienproduktion zum Ausdruck kommen. Die Kultur der Massenmedienproduktion verlagert sich mehr und mehr vom künstlerischen Anspruch hin zu trivialen Spannungsmustern. — Das Interesse an aktionsreicher Abbildung extremer, bizarrer und skurriler Realität und an Unterhaltung überwiegt gegenüber dem Interesse an analytischer Umsetzung und Deutung realer Zusammenhänge. Es geht eher um wechselnde Attraktionen als um das Ausloten der Tiefendimension eines Geschehens. Heute gilt es als erstrebenswert, flexibel schlagfertig und sensationell zu gestalten in einer Art und einem Maße, wie es die Werbeästhetik mit ihren auf den momentanen Effekt zugeschnittenen Botschaften und schnellen Bildwechseln vorstellt. In Kinofilmen wie »Pokémon« geht es nur noch um schnelle und abwechslungsreiche Bewegung, die Handlung ist auf den Kampf um Erlangung der Weltherrschaft (über eine virtuelle Welt) zusammengeschrumpft. Die Filme bestehen nur mehr aus aneinander geschnittenen Effekten, aus Spielsequenzen, in denen die eine oder die andere Seite gewinnt. Solche Spielfilme bauen sich dramaturgisch auf wie (dazugehörige) Computerspiele. Diese beiden zunächst ganz unterschiedlichen Darstellungsformen nähern sich vom narrativen Aufbau her einander an. Auch die dramaturgischen Arbeitsfelder sind ähnlicher geworden. Spielfiguren wie Lara Croft (Tomb Raider) oder Pikachu (Pokémon) sind Stars. Lara Croft ist Werbeträger, Fans unterhalten sich in Internetforen über ihren Charakter und spekulieren über ihr Privatleben. Lara hat sogar eine Biografie mitgeliefert bekommen, die zwar für die Spielsituation nicht direkt benötigt wird, sie aber zu einer Persönlichkeit mit identifikatorischem Potenzial macht. Lara erlebt Abenteuer wie aus einem Abenteuerfilm, die Spielhandlungen sind erzählerisch mit Anfang, Mitte und Ende ausgestattet, es gibt Hindernisse und Konflikte, denen die Protagonistin ausgesetzt ist, es gibt Antagonisten und eine Story. Es gibt allerdings kein Wachstum der Persönlichkeit, statt dessen kann Laras Kampfkraft und körperliche Geschicklichkeit perfektioniert werden, indem man sie trainiert. Auf diese Art und Weise wird, wie auch bei den Pokémons, eine enge Figurenbindung hergestellt. Der vom Spiel abgeleitete Schwerpunkt auf Sieg oder Niederlage hat auch im Kino- und Fernsehbereich an Gewicht gewonnen. Sowohl aus dem Gameboy-Spiel Pokémon als auch aus dem Computerspiel Tomb Raider wurden Kinofilme entwickelt. Bei den Pokémons bleibt die Trickebene erhalten, Lara Croft hat ein menschliches Angesicht bekommen: Angelina Jolie spielt sie unter der Regie von Simon West ab 2001 im Film »Tomb Raider«. Als Beispiel sei auch auf den Science-Fiction-Bereich verwiesen, aus dem sich monumental animierte Katastrophenfilme entwickelt haben, oder auf die wachsende Zahl der Actionserien für Kinder, in denen die Helden die längste Zeit mit Kämpfen beschäftigt sind. Der Spielcharakter von Filmen ist auch noch in anderer Hinsicht Einflüssen aus dem Computerspielbereich unterworfen. Spielfilm hieß noch bis vor wenigen Jahren eindeutig Teilhabe an einer Fiktion, an einer Illusion. Die dramaturgische Gedankenführung wurde Rezipienten nahegebracht. Dies ist auch heute noch so. Deutlich wird jedoch, dass durch die Parallelität, die sich durch die Handlungsgestaltung neuerer Computerspiele aufdrängt, zumindest bei dem, was auf Bildschirmen gezeigt wird, die Passivität der Rezipienten nicht mehr selbstverständlich ist. In Computerspielen gestalten sie Filme aktiv mit, ähnlich wird für das interaktive Fernsehen geplant. Zu Fernsehserien gibt es Internetforen, in denen Rezipientenwünsche und -ideen geäußert werden, wie es weitergehen solle oder könne. Autorenteams berücksichtigen solche Anregungen. Diese Teilhabe der Rezipienten an der dramaturgischen Gestaltung filmischer Produkte lässt die frühere Haltung der passiven Rezeption eines dramaturgischen Fertigprodukts bzw. das sich Entführen lassen in eine Welt der Illusion, des schönen oder schön-schrecklichen Traums, veraltet erscheinen. Der Umgang mit medialer und tatsächlicher Realität verändert sich.

Welche Ideen entstehen, wie sie Form annehmen und unter welchen Gesichtspunkten ein Stoff betrachtet wird, ist u.a. eine Frage des gesellschaftlichen Diskurses, der den individuellen Geschmack mitbestimmt und auch die persönliche Art zu denken beeinflusst. Die Denktradition, in der sich Autoren befinden, wirkt sich auf ihre Entscheidung aus, wie sie Stoffe verarbeiten, ob sie z.B. aus der Beobachtung eines sozialen Brennpunktes eine Action-Geschichte oder ein Psychodrama entwickeln. Bei der Frage, wie Stoffe aufgrund einer Denktradition umgesetzt werden, geht es aber nicht nur um die Genrewahl, sondern mehr noch um Hintergründe der geistigen Prägung der Produkte.

Die Ähnlichkeit zwischen neueren Computerspielen und filmischer Spielhandlungsgestaltung ist nicht zufällig. Wenn man Fernseh-, Hörfunk- und Kinoproduktionen der 60er und 70er Jahre mit denen der 80er und 90er Jahre vergleicht, ist die Tendenz von chronistischer und ernsthafter Zeitbetrachtung hin zu einer ironisch-verspielten Weltsicht deutlich. Das Besondere wird mehr und mehr in den Spielarten des Auslebens menschlicher Triebe gesehen als in ihrer Herleitung. Die Reduktion auf eine dramaturgische Persönlichkeit erfolgt weniger mit Blick auf menschliche Gründe und Abgründe, sondern mehr nach Kriterien effektvoller Aktionsmöglichkeit. Der poetische Anspruch des Offensichtlichmachens als Basis weicht zunehmend einem effektvollen Überbau an dramaturgischer Programmierung. In verschiedenen Handbüchern zur Filmdramaturgie, die derzeit auf dem Markt sind, spiegelt sich dieser Trend wider. Wenn Typkonstellationen zu einem Personensystem festgeschrieben werden, das eine dramatische Handlung hervorruft (Vogler, 51ff.), oder ein Handlungsablauf konstituiert wird, der auf die Seitenzahl genau festlegt, wie sich Exposition, Konfrontation, Auflösung und Wendepunkte zueinander verhalten (Field 2000, 11ff.), dann liegt eine Sicht vor, die eine effektvolle dramaturgische Technik dem poetischen Anliegen vorordnet. Diese Sicht ist zurückzuführen auf den Modus der Vergegenwärtigung von Inhalten und Personen. Inhalte und Personen werden schematisch funktionalisiert, damit eine dramatische Konfliktstruktur (Kampf, Sieg und Niederlage) entsteht. Dies entspricht einer Steuerung, die sich nicht mehr von literarischer Betrachtung herleitet, sondern die von eklektischem Zugriff bestimmt ist. Dafür bedarf es in der Tat fester Schemata einer dramaturgischen Gestaltung, die zwangsläufig formalistisch aufgebaut sind. Eine von vornherein geschaffene Begrenzung durch eine vorgeschriebene Geschehensform zieht eine Einschränkung der Wirklichkeitsverarbeitung nach sich. Die Verarbeitung der Wirklichkeit ist zunächst Ausdruck einer auf inhaltliche Einordnung orientierten Wahrnehmung. Bei der modernen Form eklektischen Zugriffes auf Wahrgenommenes erfolgt vor aller schöpferischen Umsetzung eine Einordnung der Wirklichkeit nach Kriterien ihrer dramaturgischen Tauglichkeit.

Der Umgang mit der Realität hat sich in den 90er Jahren, dramaturgisch betrachtet, verändert. Bei Spielfilmen sowie Originalton-Hörspielen, die traditionell an der Grenze zum Feature stehen, werden Originaltöne und dokumentarische Aufnahmen nicht mehr zur Realitätsdarstellung eingesetzt, sondern so zusammengesetzt, dass neue Bedeutungszusammenhänge entstehen, wie dies im Kapitel »Tendenzen dramaturgischer Gestaltung« anhand der historischen Collagen des Hörspiels »Master's Voices« beschrieben ist. Dabei handelt es sich nicht in jedem Fall um eine künstlerische Interpretation, sondern oft um einen synkretistischen Akt. Synkretismus bedeutet, dramaturgisch verstanden, dass ein Anliegen einzelnen Inhalten vorausgestellt wird. Was am Ende herauskommen soll, bestimmt die Einordnung einer Idee, die Interpretation eines Stoffes oder einer Materialsammlung. Die Wirklichkeit wird nicht mehr als Wirklichkeit ernst genommen, sondern als Manipulationsmasse eingesetzt. Wissen wird anders als bisher gestaltet. Früher wurde fiktionalisiert, um ein reales Problem darzustellen. Heute wird das reale Problem direkt fiktionalisiert. Das Virtuelle wird zur Realität erhoben. Schein schafft Wirklichkeit. Es ist unüblich geworden, das Scheinbare an die Realität anzulehnen, beides geht ineinander auf. Dafür gibt es bereits Fachbegriffe: Infofiction oder Infotainment, Dokufiction, Factfiction oder auch Dokusoap. In der modernen Informationsgesellschaft genügt Fiktionalisierung allein nicht mehr, das Tatsächliche dient nicht als Anhaltspunkt einer künstlerischen Umsetzung, sondern es wird im Hinblick auf kommerzielle Tauglichkeit aufgeladen, bis hin zum Reality-TV.

Es geht weniger um die Sinnhaftigkeit einer Fabel oder um das Eintauchen in eine Illusion. Es geht darum, die Illusion im Alltag zu bewahrheiten, die Welt des schönen Scheins in der Realität zu verankern. In der digitalisierten Medienumgebung werden heute ständig neue Welten angeboten, das wirkt auf die Dramaturgie von Hörspielen, Spielfilmen und Features ein. Die Wiedergabe der Wirklichkeit wird durchsetzt mit dem Erfinden einer scheinbaren Wirklichkeitsebene. In Filmen wie »Thirteen Days«, der die amerikanische Regierungsperspektive der Kubakrise nachempfindet, wird das deutlich. Der von Roger Donaldson gedrehte Film basiert auf militärischen Dokumenten sowie auf Berichten von Mitarbeitern aus dem Krisenstab Kennedys, von denen zwei das Drehbuch mitgeschrieben haben. Handlungsorte werden verlegt, tatsächliche Aussagen bewusst auf andere Personen oder Zeitpunkte verteilt. Virtualität wird als Mittel zur Wirklichkeitsbestimmung, zur metaphysischen Größe erhoben. Bei Filmen wie »Thirteen Days« verschwimmen Fälschung und Fiktion zu einem dokumentarisch anmutenden Bild für jeden, der damals nicht im Krisenstab saß. Bei dem sechs Jahre früher von Robert Zemeckis gedrehten Film »Forest Gump«, der ebenfalls szenenweise im Weißen Haus spielt, drückt Tom Hanks dem echten Präsidenten Nixon die Hand, eine offensichtliche Filmmontage, über die es, im Gegensatz zu der verdeckten Fälschung bei »Thirteen Days«, noch Aufregung gab. Letztlich wird, z.B. in Soaps, Wahrheit erzeugt, indem gesellschaftliche Zusammenhänge als Bekräftigung der Realität des Fiktionalen benutzt werden. Erfundenes erscheint authentisch. Realität wird zum Zwecke der kulturindustriellen Vermarktung erschwindelt.

Die international üblich gewordene Produktion von Serien ist strukturell schabloniert. Serienproduktion ist hochspezialisierte Teamarbeit. Die Story wird in Gruppen diskutiert und gesplittet geschrieben. Es entsteht eine Dramaturgie des augenblicklichen Einfalls, für dessen Verarbeitung und künstlerische Umsetzung kaum Zeit vorgesehen ist. Es geht vielmehr darum, gesellschaftliche Reizthemen wie z.B. Scheidung, Abtreibung, Vergewaltigung, Homosexualität zu dokumentieren und zu kommentieren mit all ihrem Pro und Kontra, das auf die Figuren verteilt wird. Realität wird mehr oder minder direkt abgebildet, wozu auch die gruppendynamischen und Identifikationsprozesse im Autorenteam beitragen. Es wird angestrebt, dass sich Rezipienten in der Serie zu Hause fühlen. Insofern kann die moderne industrialisierte Serienproduktion als Wegbereiter für Sendungen wie Big Brother gesehen werden, die nicht mehr den Anspruch einer künstlerisch-dramaturgischen Umsetzung haben.

Es entsteht der Eindruck, dass in der modernen Massenmedienproduktion weniger nach dem Künstlerischen gefragt wird, sondern eher nach der Perfektion des Künstlichen. Autoren und Dramaturgen sehen sich heute immer seltener und weniger für die kreative Interpretation der Wirklichkeit sowie die literarische Gestaltung oder Ausgestaltung eines Stoffes verantwortlich, als vielmehr für die Produktion einer künstlichen Realität.

Bildungseinrichtungen für Autoren

Neben Studiengängen wie Germanistik, Publizistik, Kommunikationswissenschaften sowie kulturwissenschaftlichen Richtungen gibt es Akademien und Schulen, die im Schreiben für Film, Fernsehen und Hörfunk ausbilden. Daneben werden immer wieder berufsbegleitende Kurse journalistischer Bildungsträger ausgeschrieben, die die großen Formen wie Fernsehspiel, Feature oder Hörspiel behandeln. Dieses Kapitel stellt eine Liste von Bildungsinstituten oder -angeboten vor, die sich direkt auf das Schreibenlernen konzentrieren.

Akademie für Publizistik
Warburgstr. 8-10
20345 Hamburg

Tel. 040 / 41 47 96 - 0
Fax 040 / 41 47 96 - 90

www.akademie-fuer-publizistik.de
e-mail: info@akademie-fuer-publizistik.de

Kurse, Seminare zur Aus- und Weiterbildung

Aufbaustudiengang »Film«
der Universität Hamburg
Friedensallee 7
22765 Hamburg

www.rrz.uni-hamburg.de/as-film/p-drehb.html

Deutsche Hörfunk Akademie
Nollendorfplatz 2
44339 Dortmund

Tel. 0231 / 9 88 90 - 0
Fax 0231 / 9 88 90 - 25

www.hoerfunkakademie.de
e-mail: dha@hoerfunkakademie.de

Kurse zur Aus- und Weiterbildung

dffb - Drehbuchakademie
Potsdamer Str. 2
10785 Berlin

Tel. 030 / 2 57 59 - 0
Fax 030 / 2 57 59 - 161

www.dffb.de

Mehrjähriger Studiengang

Drehbuchwerkstatt München
Brecherspitzstr. 8
81541 München

Tel. 089 / 69 70 81 74
Fax 089 / 69 70 81 90

www.drehbuchwerkstatt.de

Ausbildung über ein Jahr

Evangelische Medienakademie
Jebensstr. 3
10623 Berlin

Tel. 030 / 3 10 01 - 415
Fax 030 / 3 10 01 - 450

e-mail: izimmer@ev-medienakademie.de

Kurse zur journalistischen Aus- und Fortbildung

Filmakademie Baden-Würtemberg GmbH
Mathildenstr. 20
71638 Ludwigsburg

Tel. 07141 / 9 69 - 0
Fax 07141 / 969 - 299

Mehrjähriger Studiengang Film mit Drehbuchklasse

Film- und Medienbüro Niedersachsen
Gerbertstr. 16
30169 Hannover

Tel. 0511 / 1 34 70
Fax 0511 / 7 01 15 54

www.filmbuero.nds.de
e-mail: fmb.script@t-online.de

Kurse zur Aus- und Weiterbildung

Hochschule für Film und Fernsehen »Konrad Wolf«
Marlene-Dietrich-Allee 11
14482 Potsdam

Tel. 0331 / 62 02 - 0
Fax 0331 / 62 02 - 549

www.hff-potsdam.de/deutsch/studien/drama/drama.html

Mehrjähriges Studium im Bereich Dramaturgie

Institut für Medien und Kunst
Teutoburger Waldstr. 9
32791 Lage-Hörste

Tel. 05232 / 98 30

Kurse, Seminare

Internationale Filmschule Köln
St.-Apern-Str. 20-26a
50667 Köln

www.filmschule.de

Schreibschule
Einjährige Begabtenförderung

Katholische Medienakademie
Frankenthaler Str. 229
67059 Ludwigshafen

Tel. 0621 / 59 17 20
Fax 0621 / 51 68 09

Kurse, Seminare, Fortbildung

Kommunikations- und Medienzentrum / Melanchton-Akademie
Im MediaPark 7
50670 Köln

Tel. 0221 / 57 43 - 266/344
Fax 0221 / 5743 - 349

www.komed.de
e-mail: info@komed.de

Seminare zur Aus- und Weiterbildung

Master School Drehbuch
August-Bebel-Str. 26-53
14482 Potsdam

Tel. 0331 / 7 21 28 26
Fax 0331 / 7 21 28 48

www.filmboard.de
e-mail: MasterSchool@compuserve.com

Seminare und Workshops für professionelle Drehbuchautoren

medien und kulturarbeit e.V.
Friedensallee 7
22765 Hamburg

Tel. 040 / 39 82 62 82
Fax 040 / 3 90 95 00

www.medienundkultur.hamburg.de
e-mail: medienundkulturarbeit@t-online.de

Weiterbildung Drehbuch

Script Consulting
Raimund Maessen
Hubertusstr. 11
15566 Schöneiche

Tel./Fax 030 / 649 64 32

e-mail: RaimundMaessen@compuserve.com

Coaching für Drehbuchautoren

ZFP
Zentrale Fortbildung für ProgrammmitarbeiterInnen von ARD und ZDF
PF 4560
30045 Hannover

Tel. 0511 / 9 88 - 20 41

Kurse, Drehbuchcamp

Literaturverzeichnis

Prosa

Büchner, Georg: Woyzeck, in: ders.: Dichtungen, Leipzig 1970, 145-172

Goethe, Johann Wolfgang von: Faust. Erster Teil, in: Bibliothek Deutscher Klassiker (Hg.): Goethes Werke in zehn Bänden, Weimar 1961, Bd.10

Hemingway, Ernest: Der alte Mann und das Meer, in: ders.: Sämtliche Erzählungen, Reinbek 1966, 417-479

Inoue, Yasushi: Ende des Sommers, in: ders.: Eroberungszüge. Lyrische Prosaskizzen, Berlin 1982, 37

Kafka, Franz: Der Fahrgast, in: ders.: Sämtliche Erzählungen, Frankfurt/Hamburg 1970, 16

Lem, Stanislav: Solaris, Berlin 1993

Noll, Ingrid: Der Hahn ist tot (1993), Die Apothekerin (1994), Die Häupter meiner Lieben (1993), alle Zürich

Fachtexte

Appeldorn, Werner van: Handbuch der Film- und Fernsehproduktion. Psychologie - Gestaltung - Technik, München 1997

Aristoteles: Poetik, Leipzig 1972

Badertscher, Hans: Dramaturgie als Funktion der Ontologie, Bern/Stuttgart 1979

Beling, Claus: Theorie des Fernsehspiels, Heidelberg 1979

Caillois, Roger: Die Spiele und die Menschen, Stuttgart 1960 (Eva Freden Le Monde 5.1.57)

Camus, Albert: Der Mensch in der Revolte, Reinbek 1953

Cordes, Stefan: Filmerzählung und Filmerlebnis. Zur rezeptionsorientierten Analyse narrativer Konstruktionsformen im Spielfilm, Münster 1997

Egri, Lajos: The art of creative writing, New York 1990[7]

Ellermann, Holger: Das Drehbuchschreiben als Handwerk. Eine vergleichende Analyse von Lehrkonzepten und der filmgeschichtlichen Bedeutung des Drehbuchschreibens unter Berücksichtigung der Marktbedingungen, Coppengrave 1997[3]

Ernst, Gustav / Pluck, Thomas (Hg.): Drehbuchschreiben. Eine Bestandsaufnahme, Wien/Zürich 1990

Faulstich, Werner: Radiotheorie. Eine Studie zum Hörspiel „The war of the worlds" (1938) von Orson Welles, Tübingen 1981

Fellmann, Ferdinand: Phänomenologie als ästhetische Theorie, Freiburg/München 1989

Field, Syd: Das Handbuch zum Drehbuch. Übungen und Anleitungen zu einem guten Drehbuch, Frankfurt 1992

Field, Syd u.a.: Drehbuchschreiben für Fernsehen und Film. Ein Handbuch für Ausbildung und Praxis. München/Leipzig 2000[7]

Frey, James N.: Wie man einen verdammt guten Roman schreibt, Köln 1993

Freytag, Gustav: Die Technik des Dramas, Leipzig 1876

Friedmann, Julian: Unternehmen Drehbuch. Drehbücher schreiben, präsentieren, verkaufen, Bergisch-Gladbach 1999

Gould, Glenn: Schriften zur Musik, Bd II: Vom Konzertsaal zum Tonstudio, München/Zürich 1987

Hant, Peter: Das Drehbuch. Praktische Filmdramaturgie, Waldeck 1992

Hegel, Georg Wilhelm Friedrich: Ästhetik, Bd I, Berlin/Weimar 1966[2]

Hickethier, Knut (Hg.): Brauchen Fernsehspiel und Hörspiel eine neue Dramaturgie?, Berlin 1986

Hochschule für Film und Fernsehen der DDR »Konrad Wolf« (Hg.): Beiträge zur Theorie der Film- und Fernsehkunst. Gattungen Kategorien Gestaltungsmittel, Berlin 1987

Howard, David: Drehbuchhandwerk. Techniken und Grundlagen mit Analysen erfolgreicher Filme, Köln 1996

Hülsebus-Wagner, Christa: Feature und Radio-Essay. Hörfunkformen von Autoren der Gruppe 47 und ihres Umkreises, Aachen 1983

Iros, Ernst: Wesen und Dramaturgie des Films, Zürich 1957

Kasten, Jürgen: Der Drehbuchautor in der Medienindustrie. Überlegungen zur Verwaltungssituation am Ende des 20. Jahrhunderts, in: Verband Deutscher Drehbuchautoren e.V. (Hg.): Drehbuchautoren Script Guide 98/99, Berlin 1998, 7-14

Knilli, Friedrich: Das Hörspiel in der Vorstellung der Hörer — eine experimentalpsychologische Untersuchung, Graz 1959

Knilli, Friedrich: Deutsche Lautsprecher. Versuche zu einer Semiotik des Radios, Stuttgart 1970

Kohut, Heinz: Narzismus. Eine Theorie der psychoanalytischen Behandlung narzistischer Persönlichkeitsstörungen, Frankfurt 1976

Leontjew, Alexej Nikolajewitsch: Tätigkeit, Bewußtsein, Persönlichkeit, Stuttgart 1977

Lessing, Gotthold Ephraim: Hamburgische Dramaturgie, Leipzig 1910

Lukàcs, Georg: Die Theorie des Romans. Ein geschichtsphilosophischer Versuch über die Formen der großen Epik, Neuwied/Berlin 1963²

de Man, Hendrik: Vermassung und Kulturverfall, Bern 1952²

Mc Luhan, Marshall / Fiore, Quentin: Das Medium ist Message, Frankfurt/Berlin/Wien 1984²

Matzker, Reiner: Anthropologie, München 1998

Ohler, Petra: Zur kognitiven Modellierung von Aspekten des Spannungserlebens bei der Filmrezeption, in: montage/av 3/1/1994, 133-141

Rabenalt, Peter: Filmdramaturgie, Berlin 1999

Rettberg, Lars: Zu schön um wahr zu sein! Die digitale Diva Lara Croft, in: montage/av 8/2/1999, 89-110

Schatz, Thomas: Hollywood Genres: Formulas, Filmmaking and the Studio System, New York u.a. 1981

Schneider, Irmela: Dramaturgie des Fernsehspiels, München 1980

Schütte, Oliver: Die Kunst des Drehbuchlesens, Bergisch-Gladbach 1999

Schwarz, Alexander (Hg.): Das Drehbuch. Geschichte, Theorie, Praxis, in: diskurs film. Münchner Beiträge zur Filmphilologie Bd 5, München 1992

Schweinitz, Jörg: 'Genre' und lebendiges Genrebewußtsein. Geschichte eines Begriffs und Probleme seiner Konzeptualisierung in der Filmwissenschaft, in: montage/av 3/2/1994, 99-118

Schwitzke, Heinz: Das Hörspiel. Dramaturgie und Geschichte, Köln/Berlin 1963

Seger, Linda: Das Geheimnis guter Drehbücher, Berlin 1998²

Smith, Geoffrey Nowell (Hg.): Geschichte des internationalen Films, Stuttgart 1998

Tarkowski, Andrej: Die versiegelte Zeit. Gedanken zur Kunst, zur Ästhetik und Poetik des Films, Leipzig/Weimar 1989[3]

Tobias, Ronald B.: 20 Master Plots. Woraus Geschichten gemacht sind, Frankfurt/M. 1999

Truffaut, Francois: Mr. Hitchcock, wie haben Sie das gemacht?, München 1979[4]

Vale, Eugene: Die Technik des Drehbuchschreibens für Film und Fernsehen, München 1996[4]

Vielhauer, Annette: Welt aus Stimmen. Analyse und Typologie des Hörspieldialogs, Neuried 1999

Vogler, Christopher: Die Odyssee des Drehbuchschreibens. Über die mythologischen Grundmuster des amerikanischen Kinos, Frankfurt 1998[2]

Vorderer, Peter: Spannung ist, wenn's spannend ist. Zum Stand der (psychologischen) Spannungsforschung, in: Rundfunk und Fernsehen 1994/3, 323-339

Vorderer, Peter / Wulff, Hans J. / Friedrichsen, Mike (Hg.): Suspense. Conzeptualizations, Theoretical Analyses and Empirical Explorations, Mahwah 1996

Vowinckel, Antje: Collagen im Hörspiel. Die Entwicklung einer radiophonen Kunst. Würzburg 1995

Wachtel, Stefan: Schreiben fürs Hören. Trainingstexte, Regeln und Methoden, Konstanz 2000[2]

Warning, Rainer (Hg.): Rezeptionsästhetik. Theorie und Praxis, München 1975

Wulff, Hans J.: Darstellen und Mitteilen. Elemente der Pragmasemiotik des Films, Tübingen 1999

Wuss, Peter: Ein kognitiver Ansatz zur Analyse des Realitäts-Effekts von Dogma-95-Filmen, in: montage/av 9/2/2000, 101-126

Wuss, Peter: Grundformen filmischer Spannung, in: montage/av 2/2/1993, 101-116

Weiterführende Literatur

Büchner, Georg: 1813-1837. Revolutionär, Dichter, Wissenschaftler. Katalog der Darmstädter Ausstellung 1987, Basel/Frankfurt/M. 1987

Klammern, festhalten, den anderen am liebsten den ganzen Tag um sich haben wollen, ist das ein Liebesbeweis oder zärtliche Erpressung?, in: Brigitte 18/98, 115-126

Luyken, Reiner: Jagd auf das Böse. Der Fall Mary Bell und die neue Politik der Härte gegen das Verbrechen, in: Die Zeit 21/1998, 13-15

Miessgang, Thomas: Spion im Haus der Liebe. Jarvis Cockers Band Pulp zelebriert düsteren Glamour, in: Die Zeit 15/98, 63

Schwelien, Michael: Das Jagen früh gelernt. Auch nach dem Schock will in Jonesboro niemand die Waffen verbieten, in: Die Zeit 15/98, 8

Film-, Hörspiel- und Featureverzeichnis

Spielfilme

Amadeus: R Milos Forman, B Peter Shaffer, D Tom Hulce, Elisabeth Berridge, F. Murray Abraham, USA 1984

Before Sunrise: R Richard Linklater, B Richard Linklater, Kim Krizan, D Ethan Hawke, Julie Delpy, USA 1995

Bitter Moon (Lunes de fiel): R Roman Polanski, B Roman Polanski, Gérard Brach, John Brownjohn nach einem Kurzroman von Pascal Bruckner, D Peter Cojote, Emanuelle Seigner, Hugh Grant, F/GB 1992

Blow up: R Michelangelo Antonioni, B Michelangelo Antonioni, Tonino Guerra, Edward Bond nach einer Kurzgeschichte von Julio Cortazar, D David Hennings, Vanessa Redgrave, GB 1966

Clara Schumanns große Liebe (Song of Love): R Clarence Brown, B Robert Ardrey Ivan Tors, D Katharine Hepburn, Paul Henreid, Robert Walker, USA 1947

The Doors: R Oliver Stone, B J. Randal Johnson, Oliver Stone, D Val Kilmer, Meg Ryan, USA 1990

Ediths Tagebuch: R/B Hans W. Geisendörfer, D Angela Winkler, Leopold von Verschner, Vadim Glowna, Hans Madin, D 1986

Der englische Patient (The English Patient): B/R Anthony Minghella, D Ralph Fiennes, Juliette Binoche, Willem Dafoe, USA 1996

Forest Gump: R Robert Zemeckis, B Eric Roth nach dem gleichnamigen Roman von Winston Groom, D Tom Hanks, Robin Wright, Gary Sinise, USA 1994

Gefährliche Liebschaften (Dangerous Liasions): R Stephen Frears, B Christopher Hampton nach einem Roman von Choderlos de Laclos, D Glenn Close, John Malcovich, Michelle Pfeifer, USA 1989

Geheimsache (Secret Défense): R Jaques Rivette, B Pascal Bonitzer, Emanuelle Cuau, D Sandrine Bonnaire, Jerzy Radziwilowicz, Gregoire Colin, Laure Marsac, F 1998

M - Eine Stadt sucht einen Mörder: R Fritz Lang, B Thea von Harbou, Fritz Lang nach einem Zeitungsbericht von Egon Jacobson, D Peter Lorre, Gustav Gründgens, Otto Wernicke, D 1931

Marnie: R Alfred Hitchcock, B Jay Presson Allen nach einem Roman von Winston Graham, D Tippi Hedren, Sean Connery, USA 1964

The Million Dollar Hotel: R: Wim Wenders, B Bono und Nicholas Klein, Wim Wenders, D: Jeremy Davis, Milla Jovovich, Mel Gibson, BRD/USA 2000

Pokémon (Trickfilmreihe): B Chrispin Freeman u.a., D (Stimmen) Rachael Lillis, Michael Haigney, Veronica Tailor, Japan ab 1998

Die Reifeprüfung (The Graduate): R Mike Nichols, B Calder Willingham, Buck Henry nach einem Roman von Charles Webb, D Dustin Hoffman, Anne Bancroft, Katharine Ross, USA 1967

Star Trek - Der Film (Star Trek - The Motion Picture): R Robert Wise, B Harold Livingston, Gene Roddenberry nach Alan Dean Foster, D Wiliam Shatner, Leonard Nimoy, DeForest Kelley, James Doohan, USA 1979

Thirteen Days: R Roger Donaldson, B Ernest R. May und Philip D. Zelikow (Originalnotizen aus dem Weißen Haus), David Self, D Kevin Costner, Bruce Greenwood, Steven Culp, USA 2000

Tomb Raider: R Simon West, B Patrick Massett, John Zinman, D Angelina Jolie, Daniel Craig, Leslie Phillips, USA 2001

Die Vögel (The birds): R Alfred Hitchcock, B Eva Hunter nach der Erzählung von Daphne du Maurier, D Rod Taylor, Tippi Hedren, USA 1963

Hörspiele und Features

Bachmann, Ingeborg: Der gute Gott von Manhatten, Hörspiel, D 1958, in: Volke, Lutz (Hg.): Der gute Gott von Manhatten. Hörspiele aus der BRD, der Schweiz und Österreich, Berlin 1990, 7-45

Buchholz, Kai: Es ist eine herrliche Sonne hier und ein schlechter Mensch. Wittgenstein in Norwegen, Hörspiel, D 1999, Manuskript Saarländischer Rundfunk

Calon, Christian: The Ulysses Project, Hörspiel, deutsche Fassung von Eveline Passet, D 1998, Manuskript DeutschlandRadio

Dürrenmatt, Friedrich: Die Panne, Hörspiel, CH 1956, in: Volke, Lutz (Hg.): Der gute Gott von Manhatten. Hörspiele aus der BRD, der Schweiz und Österreich, Berlin 1990, 47-74

Filz, Walter: Master's Voices, Feature, D 1999, Manuskript DeutschlandRadio

Fink, Howard: Glenn Gould, das kanadische Radio und die Idee vom Norden, Feature, D 1991, Manuskript Westdeutscher Rundfunk

Fosse, Jon: Sommertag, Hörspiel, D 2000, Manuskript Deutschlandradio

Gould, Glenn: Die Spätankömmlinge, Hörspiel, Can 1969, Manuskript WDR

Hermlin, Stefan: Scardanelli, Hörspiel, DDR 1970, in: Sinn und Form, Jahr 22, 1970, 513-534

Jacobi, Peter: Briefwechsel mit einem Schwein, Hörspiel, D 1999, Manuskript Sender Freies Berlin

Müser, Mechthild: Die Angst, die bleibt, Hörspiel, D 2000, Archiv Radio Bremen

Nico — Icon: R/B Susanne Ofteringer, D Christa Päffgen (Nico), Velvet Underground, Feature, D 1995

Der Ohrenzeuge: Hörspielreihe ORB (Fritz), D ab 1993

Overath, Margot: Nurans Tod. Bericht einer Spurensuche, Feature, D 1998, Manuskript DeutschlandRadio

Wiedfeld, Hubert: Wenn der Vater die Zähne verliert, müßten dem Sohn Hände wachsen, Hörspiel, D 1979, in: Volke, Lutz (Hg.): Der gute Gott von Manhatten. Hörspiele aus der BRD, der Schweiz und Österreich, Berlin 1990, 275-314

Zähringer, Norbert / Richter, Uta / Luncke, Stella u.v.a.: Jetzt, Hörspiel, D 1998, Archiv DeutschlandRadio

Register

kommunikation

Beiträge aus der Hochschule für Fernsehen und Film München

Band 1
Monika Lerch-Stumpf
Otto B. Roegele (Hg.)
Neue Medien - Neues Recht
1981, 118 Seiten, br.
ISBN 3-89669-135-X

Band 2
Christiane Hackl
Brigitte Scherer
Karl Friedrich Reimers (Hg.)
Unser Jahrhundert in Film und Fernsehen
Beiträge zu zeitgeschichtlichen Film- und Fernsehdokumenten
1995, 304 Seiten, br.
ISBN 3-89669-136-8

Band 3
Karl Friedrich Reimers
Monika Lerch-Stumpf
Rüdiger Steinmetz (Hg.)
Von der Kino-Wochenschau zum Aktuellen Fernsehen
Zweimal Deutschland seit 1945 in Film und Fernsehen. Teil 1
1983, 362 Seiten, br.
ISBN 3-89669-137-6

Band 4
Karl Friedrich Reimers
Monika Lerch-Stumpf
Rüdiger Steinmetz (Hg.)
Audiovisuelle Medien in der Politischen Bildung
Zweimal Deutschland seit 1945 in Film und Fernsehen. Teil 2
1985, 354 Seiten, br.
ISBN 3-89669-138-4

Band 5
Karl Friedrich Reimers (Hg.)
Zeichenentwicklung, Bedeutungswandel, Handlungsmuster
1983, 150 Seiten, br.
ISBN 3-89669-139-2

Band 6
Walter Goedde
Wolfgang Bischof (Hg.)
Leitsätze zur Kommunikationspolitik
Urteile höchster Gerichte zu Art. 5, Abs. 1 und 2 GG
1982, 108 Seiten, br.
ISBN 3-89669-140-6

Band 7
Karl Friedrich Reimers
Kurt Hentschel (Hg.)
Filmförderung
Entwicklungen, Modelle, Materialien
1992, 384 Seiten, br.
ISBN 3-89669-141-4

Band 8
Rüdiger Steinmetz
Das Studienprogramm des Bayerischen Rundfunks
Entstehung und Entwicklung des Dritten Fernsehprogramms in Bayern 1961-1970.
Mit einem Geleitwort von Otto B. Roegele
1984, 330 Seiten, br.
ISBN 3-89669-142-2

Band 9
Gottfried Kinsky-Weinfurter
Filmmusik als Instrument staatlicher Propaganda
Der Kultur- und Industriefilm im Dritten Reich und nach 1945
1993, 400 Seiten, br.
ISBN 3-89669-143-0

Band 10
Rüdiger Steinmetz
Karl-Otto Saur (Hg.)
Fernsehkritik
Kritiker und Kritisierte
1988, 212 Seiten, br.
ISBN 3-89669-144-9

Band 11
Otto B. Roegele
Albert Scharf (Hg.)
Geistiges Eigentum und die audiovisuellen Medien
UNESCO-Symposium zu aktuellen Fragen des Medienrechts
1985, 242 Seiten, br.
ISBN 3-89669-145-7

Band 12
Karl Friedrich Reimers
Rüdiger Steinmetz (Hg.)
Rundfunk in Deutschland
Entwicklungen und Standpunkte
1988, 186 Seiten, br.
ISBN 3-89669-146-5

Band 13
Norbert J. Schneider
Handbuch Filmmusik I
Musikdramaturgie im Neuen Deutschen Film
1990, 368 Seiten, br.
ISBN 3-89669-147-3

Band 14
Andrea Winkler-Mayerhöfer
Starkult als Propagandamittel
Studien zum Unterhaltungsfilm im Dritten Reich
1992, 160 Seiten, br.
ISBN 3-89669-148-1

Band 15
Norbert J. Schneider
Handbuch Filmmusik II
Musik im dokumentarischen Film
1989, 362 Seiten, br.
ISBN 3-89669-149-X

audiovisuell

Herausgegeben von Karl Friedrich Reimers und Albert Scharf

Band 16
Eberhard Opl
Das filmische Zeichen als kommunikationswissenschaftliches Phänomen
1990, 292 Seiten, br.
ISBN 3-89669-150-3

Band 17
Rüdiger Steinmetz
Dokumentarfilm als »Zeichen der Zeit«
Vom Ansehen der Wirklichkeit im Fernsehen
1992, 196 Seiten, br.
ISBN 3-89669-151-1

Band 18
Rüdiger Steinmetz
Freies Fernsehen
Das erste privat-kommerzielle Fernsehprogramm in Deutschland
1996, 496 Seiten, br.
ISBN 3-89669-152-X

Band 19
Ursula Ganz-Blättler
Brigitte Scherer
Monika Großkopf
Ute Wahl
Morde im Paradies
Amerikanische Detektiv- und Abenteuerserien der 80er Jahre
1995, 304 Seiten, br.
ISBN 3-89669-153-8

Band 20
Patrick Hörl
Film als Fenster zur Welt
Eine Untersuchung des filmtheoretischen Denkens von John Grierson
1996, 480 Seiten, br.
ISBN 3-89669-154-6

Band 21
Christiane Hackl
Brigitte Scherer
Elizabeth Prommer (Hg.)
Models und Machos?
Frauen- und Männerbilder in den Medien
1996, 336 Seiten, br.
ISBN 3-89669-155-4

Band 22
Michael G. Neubauer
Kameraleute im aktuell-dokumentarischen Bereich
Qualifikationen –Tätigkeiten – Perspektiven
1996, 304 Seiten, br.
ISBN 3-89669-156-2

Band 23
Karl Friedrich Reimers
Hermann Schmid (Hg.)
»Das wollen die Leute sehen«
Unterhaltung und Aktualität im kommerziellen Fernsehen
1998, 390 Seiten, br.
ISBN 3-89669-218-6

Band 24
Elizabeth Prommer
Kinobesuch im Lebenslauf
Eine historische und medienbiographische Studie
1999, 402 Seiten, br.
ISBN 3-89669-240-2

Band 25
Christiane Hackl
Fernsehen im Lebenslauf
Eine medienbiographische Studie
2001, 398 Seiten, br.
ISBN 3-89669-264-X

Band 26
Elizabeth Prommer
Gerhard Vowe (Hg.)
Computervermittelte Kommunikation
Öffentlichkeit im Wandel
1998, 238 Seiten, br.
ISBN 3-89669-254-2

Band 27
Brigitte Scherer
Thomas Magnum und die Frauen
Produktion und Rezeption einer US-Serie
2000, 468 Seiten, br.
ISBN 3-89669-278-X

Aufnahmeleitung

Hans-Peter Gumprecht
Ruhe Bitte!
Aufnahmeleitung
bei Film und Fernsehen
1999, 266 Seiten, br.
ISBN 3-89669-262-3

Vom reibungslosen Ablauf im Studio über die Drehgenehmigung bei Außenaufnahmen bis zu Kalkulationen, Verträgen und Catering reicht das Aufgabenspektrum eines Aufnahmeleiters. Er ist ein Generalist, der gleichermaßen mit Fernsehjournalismus, Filmregie, Technik und vor allem mit der Produktion vertraut sein muss.
Der Autor schildert im vorliegenden Handbuch die komplexen Produktionsabläufe bei Film und Fernsehen, gibt viele praktische Tipps und geht auf berufliche Weiterentwicklungen zum Produktionsleiter und Produzenten ein.

Hans-Peter Gumprecht ist seit vielen Jahren Produktionsleiter und außerdem in der Weiterbildung von Aufnahme- und Produktionsleitern tätig.

»Mit ›Ruhe Bitte!‹ können sich nicht nur Anfänger zu Profis entwickeln.«
Plot Point

»Ein umfangreiches, informatives und praxisnahes Buch.«
Ausbildung in Medienberufen

Praktischer Journalismus

Grundwissen

Claudia Mast (Hg.)
ABC des Journalismus
Ein Leitfaden für die Redaktionsarbeit
2000, 588 Seiten, br.
DM 39,80/ÖS 291/SFr 37,-

Heinz Pürer (Hg.)
Praktischer Journalismus in Zeitung, Radio und Fernsehen
Mit einer Berufs- und Medienkunde für Journalisten in Österreich, Deutschland und der Schweiz
1996, 682 Seiten, br.
DM 54,-/SFr 49,-

Peter Zschunke
Agenturjournalismus
Nachrichtenschreiben im Sekundentakt
2000, 306 Seiten, br.
DM 42,-/ÖS 307/SFr 39,-

Michael Haller
Recherchieren
Ein Handbuch für Journalisten
2000, 338 Seiten, br.
DM 38,-/ÖS 277/SFr 35,-

Michael Haller
Das Interview
Ein Handbuch für Journalisten
2001, 450 Seiten, br.
DM 46,-/ÖS 336/SFr 42,50

Ernst Fricke
Recht für Journalisten
Grundbegriffe und Fallbeispiele
1997, 402 Seiten, br.
DM 48,-/ÖS 350/SFr 44,50,-

Michael Lang
Ralf Gödde
Das Journalistenbüro
Teamkonzepte für freie Journalisten
2000, 236 Seiten, br.
DM 36,-/ÖS 263/SFr 33,-

Robert Sturm
Jürgen Zirbik
Lexikon elektronische Medien
Radio - Fernsehen - Internet inkl. CD-ROM mit Film-, Bild- und Hörbeispielen
2001, 248 Seiten, br.
DM 45,-/ÖS 329/SFr 40,-

Ressorts

Josef Hackforth
Christoph Fischer (Hg.)
ABC des Sportjournalismus
1994, 360 Seiten, br.
DM 39,80/ÖS 291/SFr 39,80

Karl Roithmeier
Der Polizeireporter
Ein Leitfaden für die journalistische Berichterstattung
1994, 224 Seiten, br.
DM 38,-/ÖS 278/SFr 38,-

Gunter Reus
Ressort: Feuilleton
Kulturjournalismus für Massenmedien
1999, 366 Seiten, br.
DM 45,-/ÖS 329/SFr 41,50

Presse

Michael Haller
Die Reportage
Ein Handbuch für Journalisten
1997, 332 Seiten, br.
DM 38,-/ÖS 277/SFr 35,-

Werner Nowag
Edmund Schalkowski
Kommentar und Glosse
1998, 364 Seiten, br.
DM 45,-/ÖS 329/SFr 41,50

Jürg Häusermann
Journalistisches Texten
Sprachliche Grundlagen für professionelles Informieren
2001, 220 Seiten, br.
DM 38,-/ÖS 277/SFr 35,-

Karola Ahlke
Jutta Hinkel
Sprache und Stil
Ein Handbuch für Journalisten
2000, 172 Seiten, br.
DM 38,-/ÖS 277/SFr 35,-

Peter Brielmaier
Eberhard Wolf
Zeitungs- und Zeitschriftenlayout
2000, 276 Seiten, br.
DM 38,-/ÖS 277/SFr 35,-

Martin Liebig
Die Infografik
1999, 472 Seiten, br., mit zahlr. Farb- u. Sw.-Abb.

Hörfunk

Bernd-Peter Arnold
ABC des Hörfunks
1999, 340 Seiten, br.
DM 42,-/ÖS 307/SFr 39,-

Robert Sturm
Jürgen Zirbik
Die Radio-Station
Ein Leitfaden für den privaten Hörfunk
1996, 384 Seiten, br.
DM 60,-/ÖS 438/SFr 60,-

Antwort

UVK
Verlagsgesellschaft mbH
Postfach 102051
D-78420 Konstanz

Bitte liefern Sie umseitige Bestellung mit Rechnung an:

Ort, Datum

Unterschrift

Zindel/Rein (Hg.)
Das Radio-Feature
Ein Werkstattbuch
1997, 380 Seiten, br.
DM 45,-/ÖS 329/SFr 41,50,-

Claudia Fischer (Hg.)
Hochschul-Radios
1996, 400 Seiten, br.
DM 58,-/ÖS 424/SFr 52,50

Wolfgang Zehrt
Hörfunk-Nachrichten
1996, 240 Seiten, br.
DM 34,-/ÖS 248/SFr 34,-

Stefan Wachtel
Sprechen und Moderieren in Hörfunk und Fernsehen
inkl. CD mit Hörbeispielen
2000, 216 Seiten, br.
DM 39,80/ÖS 291/SFr 37,-

Stefan Wachtel
Schreiben fürs Hören
Trainingstexte, Regeln und Methoden
2000, 196 Seiten, br.
DM 38,-/ÖS 277/SFr 35,-

Fernsehen

Blaes/Heussen (Hg.)
ABC des Fernsehens
1997, 488 Seiten, br., 25 SW-Abb.
DM 42,-/ÖS 307/SFr 39,-

Sturm/Zirbik
Die Fernseh-Station
Ein Leitfaden für das Lokal- und Regionalfernsehen
1998, 490 Seiten, br.
DM 54,-/ÖS 394/SFr 49,-

Steinbrecher/Weiske
Die Talkshow
20 Jahre zwischen Klatsch und News
1992, 256 Seiten, br.
DM 36,-/ÖS 263/SFr 36,-

Hans Dieter Erlinger u.a. (Hg.)
Handbuch des Kinderfernsehens
1998, 680 Seiten, br., 35 Sw-Abb.
DM 58,-/ÖS 423/SFr 52,50

Internet

Klaus Meier (Hg.)
Internet-Journalismus
Ein Leitfaden für ein neues Medium
1999, 360 Seiten, br.
DM 42,-/ÖS 307/SFr 39,-

BESTELLKARTE

Bitte liefern Sie mir zzgl. Versandkosten:
(ab DM 50,- ohne Versandkosten)

Anzahl	Autor/Titel
____	____________________
____	____________________
____	____________________
____	____________________
____	____________________
____	____________________
____	____________________
____	____________________
____	____________________
____	____________________
____	____________________
____	____________________
____	____________________
____	____________________

❑ Bitte informieren Sie mich über Ihre Neuerscheinungen.

Adresse und Unterschrift bitte auf der Vorderseite eintragen.

UNI-PAPERS

Heinz Pürer
Einführung in die Publizistikwissenschaft
Systematik, Fragestellungen, Theorieansätze, Forschungstechniken
1998, 208 Seiten, br.
DM 32,-/ÖS 234/SFr 29,-

Michael Meyen
Mediennutzung
Mediaforschung, Medienfunktionen, Nutzungsmuster
2001, 234 Seiten, br.
DM 38,-/ÖS 277/SFr 34,-

Heinz Bonfadelli
Medienwirkungsforschung I
Grundlagen und theoretische Perspektiven
1999, 276 Seiten, br.
DM 39,80/ÖS 291/SFr 37,-

Heinz Bonfadelli
Medienwirkungsforschung II
Anwendungen in Politik, Wirtschaft und Kultur
2000, 302 Seiten, br.
DM 39,80/ÖS 291/SFr 37,-

Werner Früh
Inhaltsanalyse
Theorie und Praxis
1998, 260 Seiten, br.
DM 32,-/ÖS 234/SFr 29,-

Thomas Knieper (Hg.)
Statistik
Eine Einführung für Kommunikationsberufe
1993, 448 Seiten, br.
DM 39,-/ÖS 285/SFr 39,-

Jan Tonnemacher
Kommunikationspolitik in Deutschland
Eine Einführung
1996, 296 Seiten, br.
DM 36,-/ÖS 263/SFr 36,-

Rudolf Stöber
Deutsche Pressegeschichte
Einführung, Systematik, Glossar
2000, 370 Seiten, br.
DM 39,80/ÖS 291/SFr 37,-

Konrad Dussel
Deutsche Rundfunkgeschichte
Eine Einführung
1999, 314 Seiten, br.
DM 38,-/ÖS 277/SFr 35,-